優渥叢書

3小時學會

100億資金經理人
楊金◎著

「K線」操作法

教你短線賺1倍

101張圖看透主力、法人炒作意圖，
跟著低買高賣，來回賺3波段價差！

【進階實戰版】

 CONTENTS

第 3 章

用 26 個實戰分析，
一次牢牢記住 K 線反轉訊號

第 4 章

看穿 4 大 K 線賣出訊號，
100% 掌握上漲趨勢股趨勢股

第 5 章

活用 4 大技術分析精髓，
散戶高獲利的祕密武器

第 6 章

投資成功者的賺錢秘訣——
交易有策略

前言

看懂趨勢的漲停規律，
輕鬆找到下一支飆股！

在股票市場中，投資人最關注的是什麼？是行業的前景、企業的基本面，還是股價上下不定的短線波動？其實都不是，投資人最關注的是帳戶的資金增減情況。如果你有一定的炒股經驗，很可能會出以下情況：帳戶就只有那幾檔股票，幾乎不操作，帳面資金一直在縮水。或者，一年多沒看帳戶，沒想到股票的價格漲了這麼多！

為什麼會出現這種情形，股票不應該是價格漲了就賣、跌了就買嗎？如果我們長期不看帳戶、不關注個股價格的走勢，怎麼實現獲利呢？其實，這就涉及了股市交易中最為核心的理念——趨勢。

❖ 掌握趨勢交易的精髓，不用盯盤也能大賺波段

小張是一位頻繁操作、喜歡短線交易的活躍型投資人；小李是一位很少操作、買入後就不關心帳戶的不活躍型投資人。多年不見的小張和小李再次碰面，並聊起了股票。

小張說最近市場行情不好，賠多賺少、都在白忙，還規勸小李要控制好倉位、注意風險。小李聽了一頭霧水，雖然他很少關注股市行情，但前些天看了帳戶，發現這幾年一直持有的績優股獲利已經翻倍，還感歎自己買少了。

其實，造成這種差別的原因，在於兩個人的交易方法、交易理念完全不同。小張關注短線機會、喜歡博取波段利潤，帳戶資金也是大起大落，但長期累積下來並沒有獲利。要不是因為他短線技術好、控制風險能力較強，很可能早就誤踩「地雷股」而虧損慘重了。有好幾次，小張都暗自慶倖自己賣得早，否則真的會把本金都賠光了。

小李則不同，他只是在前期股市處於明顯低點、市場人氣低迷的時候買入兩三支業績優秀、行業前景看好、財報穩健的股票。由於低迷的股市人氣，此類個股的估值狀態較低，此後便沒再關注。兩種截然不同的交易風格，一個「勤快」、頻繁買賣；一個「懶惰」、幾乎不操作。

如果僅從這個交易特性來說，「勤快」的投資人，似乎應該取得更理想的交易成績。但實際情況卻並非如此，**看似懶惰的投資人，因為掌握趨勢交易的精髓從而輕鬆獲利**；而看似勤快的投資人，因為忽略趨勢而只能被市場懲罰。

❖ 簡單好上手，學技術分析的第一堂課

什麼是趨勢？有一定經驗的投資人都知道，它是市場運行的大方向。趨勢說來簡單，但真正能夠透過趨勢獲利的投資人，實際上少之又少。一方面是源於大部分投資人，對趨勢只有模糊的概念，並不瞭解其具體的運行規律，也沒能建立起順應趨勢的交易理念。

另一方面是因為對趨勢交易的核心理論、實戰用法，沒能形成完備的知識體系。

　　無論是從知識架構還是實戰結果來看，看懂趨勢、順應趨勢、掌握趨勢是每一位投資人應知、必知的。那麼，對於趨勢，我們該如何著手呢？道氏理論無疑是最好的切入點。

　　道氏理論（Dow Theory）首開技術分析的先河，且最早提出股市的趨勢運行規律。**趨勢是技術分析領域中所研究的對象，在道氏理論中，可以看到其對趨勢完整、系統的論述。**雖然價格的短期波動，可能會受到各種偶然因素的影響，但其整體趨勢卻是有章可循的，這就是股市中的趨勢運行規律。

　　投資人要想更瞭解股票市場的運行、參與個股買賣，就一定要理解趨勢的運行規律。本書以道氏理論其趨勢等方面內容，結合經典的技術分析方法，來加深投資人對技術分析的理解，還能系統地掌握並運用股票交易的方法，學會在不同的時間點進行相應的操作。關於道氏理論的基礎知識，請參見同樣為本書作者的《77 張圖看懂飆股趨勢線，等在低點賺 3 倍！》（大樂文化 2023.10 出版），該書內容中有完整說明。

第 1 章

進場前要先懂的趨勢 & 反轉訊號

1.1　上升趨勢有 3 個階段

多頭市場，也稱為主要的多頭市場（Primary Bull Markets），即上升趨勢。**多頭市場是一種市場中股價整體性上漲的趨勢狀態，期間也夾雜著次級的反向回檔走勢。**

道氏理論將多頭市場劃分為 3 個階段，這種劃分方法既是對道瓊指數長期研究後的經驗總結，也是一種理論探討。它可以幫助投資人理解、把握趨勢，實戰中也能夠結合這 3 個階段的劃分方法來指導交易。我們主要從技術型態的角度，來描述這 3 個階段的劃分方法。

此外，也可以從多空力量轉變、投資人情緒轉變、企業獲利情況轉變等角度，來描述這 3 個階段。無論如何，每個階段都是多種因素共同作用的結果，讀者在分析時也要從整體性的角度出發，避免片面化。

1.1.1　第 1 個階段——築底

上升趨勢的第 1 階段，我們可以稱之為築底階段、多方力量積累階段。這一階段多出現在長期、深幅下跌之後，此時的價格走勢

出現明顯的止跌特徵。從走勢型態來說，指數重心或橫向震盪、或緩慢攀升，已經脫離前期持續下跌時的壓力位置。在這個價位空間內，市場的利空消息已得到極大釋放，空方不再佔據主導地位，即使期間有一些相對利空的消息面，價格指數也能在買盤的承接下不破位向下。

在築底階段還有一個顯著的特點，那就是市場上的個股普遍處於相對低估的狀態，這個低估狀態是相對於個股的歷史估值中樞而言的。此時，聰明的投資人已經看到價格未來的上漲潛力而悄悄佈局，持股者大多也處於套牢、虧損狀態，不願在這個極低的價位區離場。

綜合技術面、心理面、估值面等多種因素來看，此時價格走勢明顯回暖，多方力量不斷累積，多空情緒也不斷轉變，由原來的看空情緒佔據主導開始慢慢轉變為多空平衡、多方佔據優勢。

另外，我們還要瞭解市場指數的築底階段，與個股的築底階段也許並不同步。因為此時，市場處於「重質不重勢」的階段，獲利能力較強的企業，由於有業績支撐且估值佔據優勢，從而使持股者惜售，如果前期跟隨大盤調整充分，其築底走勢一般能與大盤同步。但對於其他沒有業績支撐、特別是出現虧損的個股來說，由於在築底震盪中的市場仍處於低迷狀態，這類個股缺乏短線投資盤的參與，往往會在低迷的市場環境中繼續破位向下，仍存在較大風險，並不適合中長線佈局。

實盤操作中，我們還應注意一點：在股價明顯止跌且處於低位時，此時經濟指標可能並未出現明顯改善，這往往就給投資人一種股市仍將繼續下行的錯覺，從而忽略技術面的止跌型態。其實，股市的運行與經濟面變化並不同步，常經濟面、企業面運行至最壞，且尚未有明顯的回轉跡象時，股市很可能已經提前開始築底。這是

因為股市是一個預期性極強的市場，其運行不可能與經濟波動完全同步。

1.1.2　第 2 個階段——持續上揚

多方經歷多頭市場的第 1 階段後，力量得到增強且開始佔據優勢。隨著股票市場回暖，財富效應開始逐漸展現。此時，多頭市場就會進入第 2 階段，這是一個持續上揚的階段。

在這一階段，從技術面型態上，我們可以看到價格指數的上揚節奏加快，不同於第 1 階段的震盪緩升或震盪不前。此時，受經濟持續好轉、企業獲利增強等基本因素驅動，原本就已止跌的股市受到越來越多投資人的青睞，在買盤資金加速入場的推動下，股市開始快速上揚。

我們可以在此階段的盤面上，看到量能明顯放大的型態，成交量隨著價格指數的不斷攀升創出新高。這種「量價齊升」的型態，正是買盤資金加速入場、場外買盤資金十分充足的標誌。

此階段的持續時間往往最長，也創造了多頭市場最大漲幅，任何時候的回檔都是買入良機。此時，隨著漲勢加速、累計漲幅加大，市場形成泡沫的風險也在加劇，但估值狀態的提升並不是我們賣出個股的理由。只要技術型態、成交量、經濟面、政策風向、市場情緒等因素未出現明顯的改變，投資人就不應主觀、盲目地臆測頂部的出現，而應順勢而為，耐心持股待漲，盡可能在多頭市場中將利潤最大化。

另外，在持續上揚階段，由於價格累計漲幅往往較大，股價在上漲過程中，常會出現中級調整行情。中級調整行情可能是時間相對較短的深幅回落節奏；也可能是時間相對較長的橫向震盪節奏。

這屬於道氏理論中闡述的「次級折返走勢」。一般來說，如果市場指數在短時間內的漲幅、漲勢較為凌厲，易引發短期深幅回落走勢；而如果市場指數持續上漲且走勢相對穩健、緩慢，則易出現橫向震盪的調整走勢。

1.1.3　第 3 個階段──探頂

多頭市場的第 3 階段可以稱為「探頂階段」。在經歷長時間上漲後，股市已經處於明顯高位，股價累計漲幅巨大。在此階段，雖然有經濟面良好、企業獲利能力較強等基本面因素支撐，但股價的上漲速度遠遠快於它們，此時在市場樂觀情緒的推動下，股價已透支未來幾年內的上漲空間。理性的投資人都會看到高位風險，但市場的賺錢效應依舊較強，而且資金都是逐利的。因此仍有源源不斷的場外買盤資金湧入，市場仍在加速上行。

雖然市場仍在加速上行，但隨著高位風險加劇，市場的謹慎情緒也開始增強。這一階段價格的上漲，並不是因為買盤加速入場，持股者相對穩定的看漲情緒仍佔據主導。趨勢的形成與發展，也使市場多空雙方有一個由分歧到一致的過程。當市場分歧較明顯，此時升勢剛剛起步，懷疑的情緒佔重要地位。但隨著上漲的長久持續，空方思維也被消耗殆盡，從而使市場情緒由分歧轉為一致看多。此時的一致看多，引起持股者的相對惜售行為，從而也促成價格指數加速上行。

但買盤入場力度減弱也是不爭的事實，我們從盤面型態上可以看到高位區的「量價背離」型態出現。沒有強勁買盤支撐的上漲，價格很難站穩於高位區，只需少部分獲利盤離場，價格就可以顯著降低，這也為隨後的趨勢反轉下行埋下伏筆。

1.2　下跌趨勢有 3 個階段

　　空頭市場，也稱為主要的空頭市場（Primary Bear Markets），即下跌趨勢。**空頭市場是一種市場中價格整體性下降的趨勢狀態，期間也夾雜次級的反彈走勢。**與多頭市場相似，道氏理論同樣將空頭市場劃分為 3 個階段：築頂、持續下行、探底。它們正好與多頭市場的 3 個階段相反，我們可以將多頭市場與空頭市場的 3 個階段對照理解。

1.2.1　第 1 個階段——築頂

　　空頭市場第 1 階段為築頂階段，它緊跟著下跌趨勢的第3階段，與上升趨勢的第 1 階段正好相反，是市場逐步積累空方力量的階段。在此階段，股市過高的估值狀態、股價前期過大幅度的上漲，使場外買盤資金趨於枯竭，導致市場價格上漲乏力、價格指數開始震盪滯漲或震盪回落。

　　此時一些有遠見的投資人，意識到市場的過高估值狀態及泡沫風險，從而展開逢高出貨的操作。隨著市場賺錢效應減弱，一部分

投資人的思維也開始由堅定的多頭，轉變為短期投資或空頭思維。從市場運行來看，多方力量不再佔據主動，買盤資金入場力度減弱、市場獲利賣壓增強，價格走勢開始震盪滯漲，多空分歧依舊存在。隨著時間持續，這種走勢也加劇空方力量的匯聚，當空方力量顯著增強、明顯佔有優勢地位後，此階段就會結束。

　　從實際運行來看，在築頂過程中，若產生週邊市場價格大幅下跌，或是經濟運行下滑，及債務危機、金融風暴等利空因素，其持續時間往往相對較短，趨勢轉向速度會加快。

　　反之，如果僅是因為前期持續上漲產生的高估狀態，及場外資金入場力度減弱等因素而開始築頂，則反覆震盪、長期持續的機率相對較大。直到有明顯的利空因素觸發，及空方力量長期積累後形成明顯合力，才會結束這一階段。

1.2.2　第 2 個階段──持續下行

　　空頭市場的第 2 階段為持續下行階段，此階段也是下跌趨勢中跌幅最大、跌勢最淩厲的一個階段，我們平常所說的下跌趨勢，主要就是指這一階段。一般來說，它與前期多頭市場的持續上揚階段遙相呼應，此階段的下跌幅度與前期多頭市場的持續上揚階段的漲幅成正比。

　　當市場步入此階段後，由於入場買盤稀少、投資人拋售意願不斷增強，價格將持續下行。這種持續下跌、甚至是快速下跌的走勢，往往使市場出現恐慌情緒，這種恐慌情緒的蔓延也加速跌勢發展、跌幅擴大。

　　在此階段，企業獲利能力下滑、週期行業轉向，以及宏觀經濟指標的變化，往往會形成利空，讓市場本來較為悲觀的情緒雪上加

霜。再加上「漲時看漲，跌時看跌」市場行為的助推，加劇了下跌趨勢的行進。

場外投資人若看到市場價格已處於明顯的跌勢，不宜過早抄底入場。雖然市場指數因為下跌已處於中短期低點，但如果將時間軸拉長，此時的點位很可能仍處於高位。且一旦跌勢形成，市場的估值狀態就會不斷下移。

在市場情緒助推下，市場的估值狀態往往會跌破歷史平均估值狀態。因此，不宜過早地抄底入場，除非是結合短線下跌而實施的博取反彈操作。若投資人貿然實施抄底佈局中長線策略，則有可能被套牢在下跌途中損失慘重。

1.2.3　第 3 個階段——探底

空頭市場的第 3 階段稱為探底階段。在經歷第 2 階段的持續下跌後，市場的做空動能已得到極大釋放，市場的賣壓也明顯減輕。短線投資人的參與力度較低，加上市場的賺錢效應極差，從而使場外投資人入場意願極低。由於入場資金匱乏、股價下跌缺乏支撐，雖然賣壓較輕，但並沒有扭轉多空力量對比格局，因此市場仍處於下行格局。

但這一階段的下跌與上一階段明顯不同，它往往出現在股價低位止跌之後。這是由於入場資金匱乏，以及某些利空消息的誘發，又引發的一波短線快速下行。這一波短線下跌的幅度較大、速度較快，給人一種跌勢深不見底的感覺。價格走勢的快速下行雖然引發部分持股者的恐慌心態，但如果投資人從個股的基本面來觀察，就會發現此時的績優股已處於明顯的低估狀態，中長線投資策略下的股價極具吸引力。

隨著價格的短線再度下跌，空方力量得到更充分釋放，且利空消息在整個下跌趨勢持續過程中反覆出現。股價不利的利空消息，對於投資人的影響也明顯減弱，而過低的估值狀態有望引發場外資金的關注，進而改變原有的多空力量對比格局。市場也將結束探底階段，即結束中長期的空頭市場，轉而開始步入多頭市場的第 1 階段——築底。

1.2.4　上升趨勢較明顯、歷時長

圖 1-1 為上證指數 2014 年 5 月至 2016 年 1 月走勢圖，在這期間，股市經歷一輪相對完整的多頭市場、空頭市場交替運行格局。相對來說，多頭市場的 3 個階段更鮮明、持續時間更長，具有道氏理論闡述的 3 個階段的典型特徵。在築底階段，指數雖然長時間徘徊於低位，但指數重心穩步上行，這已經展現了多方力量不斷增強及不斷積聚。

隨後，因多方佔據明顯優勢，市場中價格上漲速度加快，多頭市場進入第 2 階段。我們從走勢圖下方的成交量變化可以看到，此期間的量價齊升型態十分顯著，這反映了市場的賺錢效應極佳、場外資金在加速湧入。

在累計漲幅極大的位置點，雖然指數再度創出新高、漲勢淩厲，但如果細心查看就會發現：此時的指數日內波動幅度極大，常出現長長的影線，展現出多空分歧的顯著加劇，從而也為隨後的趨勢轉向埋下了伏筆。

相對來說，隨後空頭市場的 3 個階段（築頂、持續下行、探底）則較短暫，這與市場上同期的消息面因素不斷、股價短期波動極大的市況有關，過於劇烈的短線波動往往很難持久。由於一系列的利

多性政策，市場中的價格在經歷第一波急速下跌後出現明顯止跌。
但此時從整體回落幅度來看，價格依然處於相對高位，在空頭市場
確立的情況下，股市的長期入場機會不佳，短線反彈行情則可期。

　　從隨後的走勢也可以看出，價格橫盤之後再度出現急速下行，
幅度巨大。結合此時的市場點位，可以將其看作一波探底走勢。隨
後價格一旦出現止跌，市場有望進入築底階段，至此，空頭市場格
局基本結束。至於隨後的築底階段長短，則取決於很多因素。

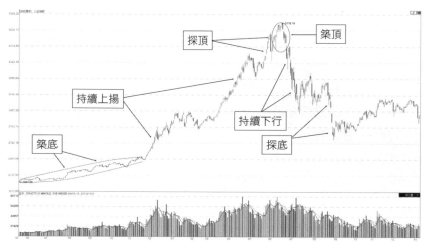

▲ 圖 1-1　上證指數 2014 年 5 月至 2016 年 1 月走勢圖

1.3 趨勢驗證的方法：指數 & 交易量

　　除了揭示股票市場的趨勢運行規律、運行方式之外，道氏理論還提出驗證趨勢運行的方法，這主要包括兩方面：一是兩種指數的相互驗證；二是交易量的驗證。

　　對於這兩種驗證方式來說，交易量方面的驗證更具有實盤操作性，也是本節需要重點理解的內容。同時，道氏理論中對於趨勢相互驗證的思想，也為隨後的技術分析指明方向，即經由多種要素來驗證趨勢運行，可以提升成功率。

1.3.1　兩種指數同步發出訊號才準確

　　起初的道瓊指數，由工業平均指數和鐵路平均指數構成（現已發展為工業股指、運輸指數、公共指數和道瓊股價綜合平均指數），兩種指數反映了不同的市場結構，它們相輔相成，能夠更完整地反映當時美股市場全貌。趨勢運行同樣也需要兩種指數發出同步訊號，才能更準確。因而，在道氏理論中提及的兩種指數相互驗證原則，是考查趨勢運行的重要依據。

　　雖然兩種指數的相互驗證原則，是道氏理論中較具爭議的內

容，但受過時間考驗後，這一原則已成為我們借由指數分析市場走向的方法之一。**兩種指數必須互相驗證原則指出，只有當兩種指數發出相同的訊號時，股市的運行趨勢才能得以確認。**否則，可以認為市場運行方向仍然處於相對不確定的狀態，或仍將持續原有的運行方向。

當兩種指數的運行具有顯著一致性且十分同步時，此時的趨勢運行有更強的持續力；反之，當兩種指數出現了明顯分化，即使是短時間內的分化（或是日內的顯著分化），多表示趨勢運行的持續力出現弱化。若此時市場正處於典型的位置區，如大漲後的高點，或是大幅下跌後的低點，投資人則應留意趨勢轉向的可能性。

除此之外，也要注意趨勢的選擇性。例如長期整理之後，若兩種指數同時出現突破向上的型態，則表示隨後市場出現升勢的機率極大；但如果只有一種指數向上突破，另一種指數震盪滯漲、甚至震盪回落，兩種指數並沒有同步發出突破訊號，則此輪突破行情就十分可疑。若投資人據此判斷升勢將出現而買股入場，則風險也將大大提升。

圖 1-2 為上證指數 2017 年 5 月至 2018 年 3 月走勢圖，圖中疊加了同期的中小型指數。在圖中標注的時間段內，雖然代表股市整體行情的上證指數已經突破上行、似要步入升勢，但此時的中小型指數卻並沒有同步突破，反而是調頭向下。兩種指數並沒有發出同步訊號，市場步入升勢的機率不大，投資人在此時不宜以升勢的思維進行操作。

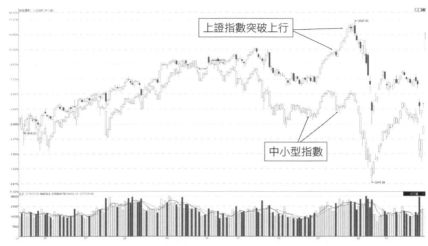

上證指數突破上行

中小型指數

▲ 圖 1-2　上證指數 2017 年 5 月至 2018 年 3 月走勢圖

1.3.2　用交易量驗證趨勢的技巧

　　交易量，即成交量或成交額，代表多空雙方的交鋒力度。對技術分析派來說，成交量在分析、判斷價格走勢時，有不可替代的重要作用，這種重要性同樣被道氏理論所接受。

　　道氏理論認為：交易量可以用於驗證趨勢的運行。這是指當典型的多頭市場或空頭市場出現後，借助於交易量的變化，可以更完整分析當前趨勢運行狀態。

　　如在多頭市場中，價格指數的節節攀升源於強勁入場的買盤推動，正是由於充足的買盤可以承接獲利賣壓，才使市場不斷上行，這就體現為量價齊升型態；反之，空頭市場中，價格的持續下跌源於買盤的無意入場及賣盤的持續賣出，因此下跌趨勢中的量能往往無法有效、持續放大，多呈現為持續的縮量狀態。

　　圖 1-3 為上證指數 2018 年 1 月至 2019 年 2 月走勢圖，在整個

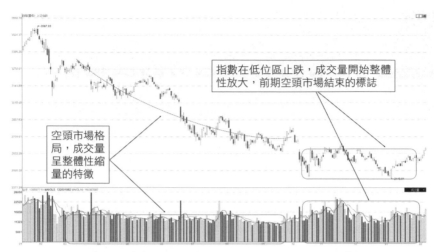

指數在低位區止跌，成交量開始整體性放大，前期空頭市場結束的標誌

空頭市場格局，成交量呈整體性縮量的特徵

▲ 圖 1-3　上證指數 2018 年 1 月至 2019 年 2 月走勢圖

震盪下行過程中，雖然指數運行有所反覆，但整個期間的成交量處於相對縮量狀態，這種整體性縮量狀態正是典型空頭市場的一大特徵。

在隨後的低位區指數跌速放緩，開始呈橫向震盪運行，期間成交量也開始整體性放大，而這也代表空頭市場結束。所以說，經由成交量的整體性變化，我們可以更精準地分析趨勢運行。

雖然交易量是技術方法的核心要素之一，值得我們注意的是：道氏理論強調的是市場整體趨勢，是基本運動，其方向變化的結論性訊號，只能經由對價格的分析得出。而交易量只是輔助性作用，它是對價格運動變化的參照和驗證。

1.4　用案例看懂趨勢的反轉訊號

道氏理論的趨勢反轉訊號原則指出：趨勢運行格局一旦形成就有極強的持續力，在沒有明顯的反轉訊號出現時，趨勢將會持續運行下去，直到市場發出明顯的反轉訊號。

1.4.1　趨勢一旦形成會持續運行

趨勢反轉訊號原則既描述趨勢運行特徵，也可以有效指導投資人操作實盤。我們可以經由物理學中的慣性定律來理解它，慣性定律指出：在沒有外力的情況下，物體將一直運行下去。將這一原則套用到道氏理論中，即在沒有明顯外力的情況下，趨勢也將一直運行下去。

而這個外力對於空頭市場來說，是抄底盤的入場；對於多頭市場來說，則是獲利賣壓。隨著一輪趨勢持續，外力的作用也將越來越強，直至多空力量對比發生根本性改變。而此時，這種根本性的改變會引發盤面訊號，技術派是可以捕捉到這個訊號的。

在實盤操作中，投資人要順勢而為，不應僅因為趨勢已經持續一段時間，就貿然得出市場的反向外力已佔據主動，從而主觀斷定

頂部與底部的出現。對於過於急躁的交易者，這無疑是一個警告，它告誡交易者不要過快地改變立場。

而對於趨勢的反轉性而言，由於多頭市場不會永遠上漲，而空頭市場也遲早會跌至最低點，當一輪新的基本趨勢首先被兩種指數的變化反映出來時，投資人就應積極關注趨勢的反轉性，進而採取相應的減倉或加倉策略。

除了兩種指數發出的相逆訊號之外，投資人還可以經由一系列其他的盤面要素來捕捉反轉訊號，如價格運行型態、量價關係、技術指標、消息面等。其中，尤以價格運行型態最為重要，因為多空雙方的交鋒結果就反映在價格運行型態上，它能直接、全面反映市場多空力量格局的轉變。

本書隨後在列舉反轉訊號時，也是以價格運行型態為主。本著實用的原則，我們以個股反轉訊號為主，因為在同樣的市場環境下，個股價格走勢常常出現嚴重的分化，如果僅考慮市場整體的價格走勢，很可能得出片面的結論。

1.4.2　多頭市場的反轉訊號

圖 1-4 為國泰集團 2018 年 1 月至 6 月走勢圖，此股價格經歷持續上揚之後，於相對高位區出現橫向滯漲走勢，此時的價格運行型態呈現為收斂三角形。

這可以是一個整理階段，也可以是一個築頂階段，取決於價格隨後的突破方向。如果價格走勢向下破位，表示收斂三角形代表著空方力量的匯聚，且其佔據優勢地位，這就是趨勢或將反轉下行的訊號，代表原有的多頭市場出現反轉。

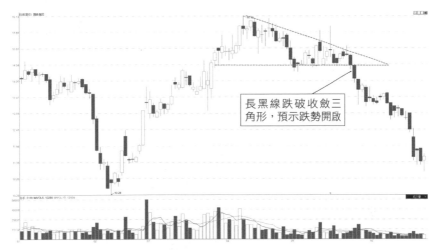

長黑線跌破收斂三
角形，預示跌勢開啟

▲ 圖 1-4　國泰集團 2018 年 1 月至 6 月走勢圖

1.4.3　空頭市場的反轉訊號

　　圖 1-5 為通富微電 2018 年 5 月至 2019 年 4 月走勢圖，在經歷
持續下跌之後，此股價格已經明顯處於低位區，此時的價格走勢呈
橫向的震盪型態。值得我們注意的是：在 3 次下探至震盪區的低點，
股價並沒有破位下行，每一次都遇到較強的支撐。

　　這種 3 次探底而不破的震盪型態，在技術分析領域是較為經典
的「三重底」型態。其出現在中長期低位區，且有股市整體止跌為
背景時，築底成功的機率極高，也代表原有空頭市場或將結束。

三重底型態

▲ 圖 1-5　通富微電 2018 年 5 月至 2019 年 4 月走勢圖

第 2 章

結合 K 線 & 成交量，
讓你精準操作短線交易

2.1 藏在成交量裡的市場訊息

　　「價、量、時、空」是技術分析的四大要素，其中價格走勢的重要性位居首位，時間與空間是價格波動中的必備屬性，而成交量是僅次於價格走勢的第二大技術要素。道氏理論也單獨強調了成交量的重要性，指出成交量可以用於驗證趨勢，但這只是成交量的眾多用法之一。

　　成交量不僅可以幫助我們分析趨勢，也可以預示價格中短期走勢中的轉向點。而且，**成交量是多空雙方交鋒結果最直接的一種表現方式，理解、運用成交量是技術分析者的必備能力之一。**本章中，我們將結合一些經典與常見的量價組合，來看看成交量在趨勢運行、價格中短期走勢中發揮的重要作用。

　　成交量雖然只是一種簡單的盤面成交數量，不能像價格波動那樣影響持股者的盈虧。但在分析市場多空力量變化、預示價格走勢中，成交量卻能發揮重要作用。這是因為看似簡單的成交量，在結合價格運行的基礎上，蘊含著豐富的市場訊息。那麼，對於技術分析派來說，成交量究竟蘊含了哪些市場訊息呢？

2.1.1　成交量所蘊含的「多空交鋒強度」

　　價格走勢反映了多空雙方交鋒，其中，收盤價是多空交鋒結果的表現，但價格走勢無法反映多空雙方交鋒強度。同樣的收盤價，如果多空雙方交鋒的強度不同，則其中蘊含的市場訊息也是完全不同的。

　　分析多空雙方交鋒強度時，我們一定要結合股價的走勢。放大的成交量說明買賣盤都較為積極、多空交鋒強度較大；縮小的成交量則說明買賣盤不是很積極，多空交鋒強度較弱。

　　同樣的交鋒強度在不同的價格走勢中，有不同含義，例如：縮量上漲出現在個股價格剛剛處於爬坡階段時，表示市場做多氣氛較濃，是空方力量不足的表現；但是當同樣的縮量型態出現在個股價格大幅上漲之後，則表示買盤跟進不積極，是趨勢即將轉向的訊號。

2.1.2　成交量所蘊含的「主力動向」

　　主力是一個和散戶投資人相對的概念，主力也可被稱為主要力量，由於其資金實力強大、買賣股票數額大，對股價的走勢有著更強的引導力。

　　主力的市場行為不同於散戶的隨意買賣，**主力的參與一般可以分為建倉、拉升、整理、再度提升、出貨等多個環節，每個環節的買賣方式往往都有一定的特徵。**這不僅表現在較為獨立的價格走勢上，更表現在成交量變化上。經由成交量與價格走勢的配合，我們可以分析主力市場行為，從而實現跟隨主力的操作。

2.1.3　成交量會提前反應股價

「量在價先」是股票市場中的一句經典諺語，簡單地說就是：
量能的變化往往先於價格走勢的變化。在價格走勢提前做出反應
時，成交量能提前變化、給出訊號，這也是道氏理論重視成交量的
原因之一。

成交量之所以可以提前反映股價的未來走勢，是因為不同的量
價組合型態蘊含了特定的多空訊息。這些訊息可以是多空力量轉變
的訊息，可以是主力動向的訊息，可以是市場對於消息反映的訊息
等等，只要我們善於解讀，就能夠從中獲取重要的線索，進而掌握
先機。

2.1.4　量價分析：動力與方向的分析

量價分析的實質就是動力與方向的分析：成交量是動力，價格
走勢是方向。成交量就是這種決定個股價格漲跌的力量，而價格走
勢不過是對成交量的進一步反映罷了。

根據量價分析的一般原理，價格上升時，伴隨而來的應是成交
量放大。在牛市中，股價的上升常常伴隨成交量的放大，股價回檔
時成交量隨即減小。在熊市中，股價下跌時會出現恐慌性拋售的現
象，成交量顯著放大；股價反彈時，投資人對後市仍有疑慮，成交
量並不增加。

2.1.5　成交量所蘊含的「趨勢運行訊息」

牛市與熊市雖然是價格走勢的反映，但成交量卻在其中扮演著關鍵角色。牛市的持續一般源於買盤的大力湧入，因此，當股價處於上漲趨勢中時，如果成交量可以在整體保持持續放大的效果，代表買盤力量可以持續增強，說明上漲勢頭仍將繼續。

當牛市臨近尾聲時，買盤入場力度明顯減弱，一般會出現相對縮量。此時，雖然股價仍在創出新高，但成交量卻不見放大甚至會減少，這往往就是牛市將見頂的訊號。

同理，熊市的持續多源於場外的買盤觀望意願較強。由於買盤入場力度小，成交量多表現平淡，一般即使有放量出現，這種放量也不會維持幾日，下跌途中的整體性縮量是市場交投不活躍、市場人氣極低的標誌，也是熊市持續運行的訊號。

當熊市臨近尾聲時，由於抄底盤的力度加大，下跌軌跡破壞，多空分歧也會出現，此時的放量多具有持續性，這也是熊市見底的重要訊號。

2.2 新趨勢出現時的 8 種量價訊號

　　如果價格走勢處於長期震盪整理，或是上下反覆波動的情形下，這是趨勢運行處於不明朗階段的表現。但是，這種趨勢狀態不明的運行格局終將被打破，價格走勢或步入升勢，或步入跌勢。當一輪新的趨勢展開時，成交量往往會出現明顯的變化，結合價格走勢的局部特徵、整體位置區間，我們可以更準確、更及時地掌握新趨勢的出現及行進方向。

　　本節中，筆者結合實盤經驗，總結出 4 種盤整後預示著升勢出現的量價訊號，及 4 種盤整後預示著跌勢出現的量價訊號，以供讀者參考。

2.2.1　升勢起步時的活躍型量能

　　當個股價格在中長期低位區經過長久整理，開始向上突破，這可能僅是一波短暫的反彈，也可能預示升勢將步入持續上揚階段。此時，投資人可以結合成交量是否出現持續、是否呈現溫和的放大型態來加以辨識。

　　個股價格在突破低位整理區後，若股價重心呈緩慢的震盪上行

狀態，或是橫向整理狀態，這表示空方力量當前並不佔優勢；如果期間的成交量持續保持明顯的溫和放大型態，可以看作是買盤積極入場、市場交投趨於活躍的訊號。

　　結合個股當前的位置區間來看，在買盤持續入場的情形下，多方力量得到進一步增強，股價後期步入升勢上揚階段的機率大增，投資人可逢短線回落買入佈局。

　　圖 2-1 為雪人股份 2018 年 11 月至 2019 年 4 月走勢圖，此股價格在突破中長期低位區間後，股價重心在震盪中緩慢上移。這期間的成交量一直保持著極為活躍的溫和放大狀態，這是保證升勢持續運行的「動力」，透過量能的這種型態變化，上升趨勢持續運行的基礎將更加牢靠。

　　圖 2-2 為鴻達興業 2018 年 11 月至 2019 年 4 月走勢圖，股價突破中長期低位區後，並沒有立即出現上揚走勢。此時在突破點位置上，保持較為強勢的橫向整理運行狀態。這時成交量的活躍型狀

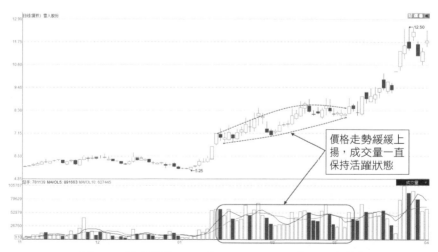

價格走勢緩緩上揚，成交量一直保持活躍狀態

▲ 圖 2-1　雪人股份 2018 年 11 月至 2019 年 4 月走勢圖

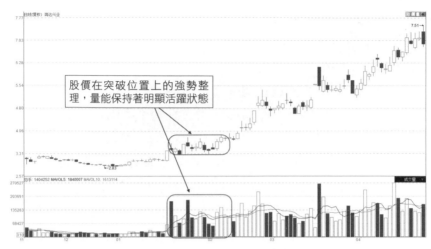

股價在突破位置上的強勢整理，量能保持著明顯活躍狀態

▲ 圖 2-2　鴻達興業 2018 年 11 月至 2019 年 4 月走勢圖

態，是多方承接力較強、短期獲利離場遇強支撐的標誌，也彰顯了多方力量整體轉強，是價格走勢隨後仍繼續向上的訊號。

2.2.2　主升段前積蓄式「山堆式」量能

「山堆式」量能是一種局部量能型態，它是指量能在價格一波上揚過程中出現明顯放大，在隨後的回落走勢中則明顯縮小，從型態上來看，如同一個小山堆。

漲時放量、跌時縮量是正常的量價關係，如果山堆式量能的型態效果並不鮮明，例如漲時只是略微放量，則它的實戰意義不突出。但是，如果「山堆式」量能的型態特徵較鮮明，且個股價格正處於突破中長期低位區的一波上漲及回落走勢中，則它往往是多方正快速積蓄能量的標誌，也是個股隨後有望迎來主升段的訊號。

圖 2-3 為上實發展 2018 年 1 月至 2019 年 1 月走勢圖，此股在

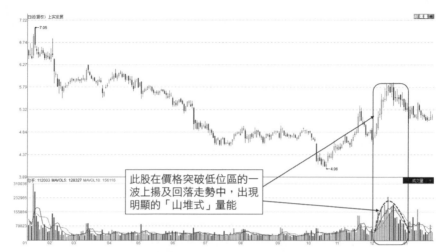

此股在價格突破低位區的一
波上揚及回落走勢中，出現
明顯的「山堆式」量能

▲ 圖 2-3　上實發展 2018 年 1 月至 2019 年 1 月走勢圖

價格突破低位整理區的一波上揚及回落走勢中，出現鮮明的「山堆式」放量型態。這是多方力量在迎來主升段之前的一次能量積蓄訊號，也預示多方上攻行為的展開。在「山堆式」放量型態右側的縮量回落波段，投資人可適當參與，買入佈局。

2.2.3　低位反轉中持續放量小陽線

在中長期的低位區，個股價格走勢震盪下行或快速下探，股價再創新低。隨後價格走勢出現短線上漲，如何判斷這一波上揚是跌勢中的短促反彈，還是預示著趨勢快速轉向的反轉呢？我們可以結合量價關係進行分析。

如果這一波上揚以連續小陽線，且量能持續明顯放大的配合關係呈現，表示多方力量正快速轉強，且優勢明顯，連續放量的小陽線既是場外資金加速流入的標誌，也是趨勢正快速轉向的訊號。

實盤中一般來說，個股的價格走勢至少要出現 5 根連續、明顯放量的小陽線，而且一定要是小陽線，否則會造成股價的短期漲幅過大。此時，投資人在識別出這種型態後，就可於盤中逢回落時買股入場。

圖 2-4 為傲農生物 2018 年 12 月至 2019 年 3 月走勢圖，此股價格在中長期的低位區，再度出現一波破位下行走勢。隨後的價格走勢開始反向上揚，是以連續明顯放量的小陽線組合型態呈現，這是原有下跌趨勢正快速轉向為升勢的訊號。

此時的階段性漲幅並不大，而這種型態出現後的價格回落幅度往往很小，投資人可以在識別出這種型態後的第一時間買股入場。但由於這是一種短線追漲操作，為了更完善控制風險，投資人宜嚴格控制倉位。

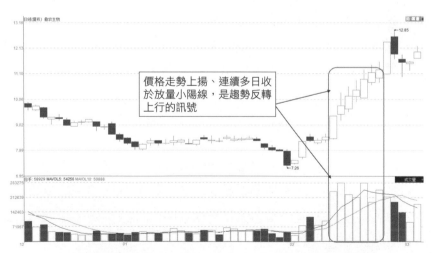

▲ 圖 2-4　傲農生物 2018 年 12 月至 2019 年 3 月走勢圖

2.2.4　突破點支撐型三巨量

低位區長期整理後，個股的成交量在價格突破時，出現 3 日大幅放量的型態，這是突破時壓力較強的標誌，同時也是買盤參與力度較大的訊號。

一般來說，價格走勢隨後會出現整理運行。如果這種整理呈相對強勢的橫向運行狀態，且能夠保持三巨量的突破成果，則表示三巨量的突破型態，彰顯多方力量整體佔優勢的格局，升勢有望在隨後的整理階段後繼續展開，強勢整理期間是投資人入場佈局的好時機。

圖 2-5 為上實發展 2018 年 11 月至 2019 年 2 月走勢圖，此股的成交量在價格突破時呈現三巨量型態。隨後股價於突破位置強勢整理、不明顯回落，這表示突破時的三巨量發揮強力支撐作用，一輪上升行情有望展開。

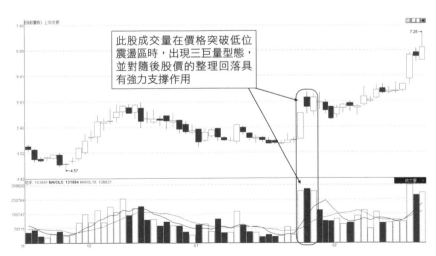

▲ 圖 2-5　上實發展 2018 年 11 月至 2019 年 2 月走勢圖

2.2.5　低位長期整理後不放量破位

　　新趨勢的出現，表現在個股價格長期震盪整理之後步入的下跌
走勢中。雖然此震盪區間位於中長期的低位區，但對於那些沒有業
績支撐的個股來說，在市場較為低迷時，這種情況尤為普遍。

　　個股在低位區長期整理後，若連續幾日收於黑線且成交量沒有
放大，並使收盤價跌破整理區的下方支撐位，表示市場的買盤承接
力極弱，只需要少量賣盤股價就會降低。這是個股在整理之後空方
取得主動權的標誌，也是一輪破位下跌行情即將展開的訊號。

　　圖 2-6 為龍馬環衛 2018 年 7 月至 9 月走勢圖，此股價格的橫
向整理走勢處於中長期低位區，但隨著震盪整理持續，出現連續黑
線、不放量向下跌破支撐位的型態。這是一輪下跌趨勢即將展開的
訊號。對於盤整區買入的持股者來說，宜及時停損以規避股價破位
下行風險。

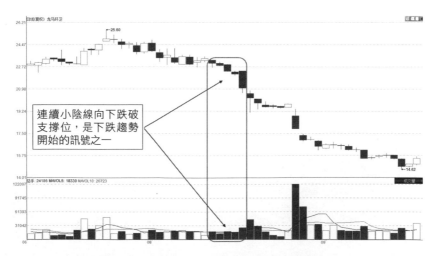

連續小陰線向下跌破
支撐位，是下跌趨勢
開始的訊號之一

▲ 圖 2-6　龍馬環衛 2018 年 7 月至 9 月走勢圖

2.2.6　縮量式窄幅整理下滑

　　持續上揚走勢中，個股出現橫向的整理波段。如果在橫向整理過程中，接連出現的小陰線、小陽線使股價重心出現下移，且期間的成交量明顯萎縮，這是多方上攻意願明顯減弱、空方力量開始增強的訊號，也是原有的升勢格局或將轉向的訊號。操作上，持股者宜減倉或清倉鎖定利潤，以規避趨勢轉向的風險。

　　圖 2-7 為陽光股份 2019 年 2 月至 5 月走勢圖，此股原本一直處於穩健的牛市攀升格局中。但隨著股價累計漲幅加大，高位區出現縮量式窄幅整理下滑的局部型態。

　　隨著買盤入場力度快速下降，持股者的拋售意願也在逐步增強，之後出現股價破位下行的機率大增，投資人應規避風險。

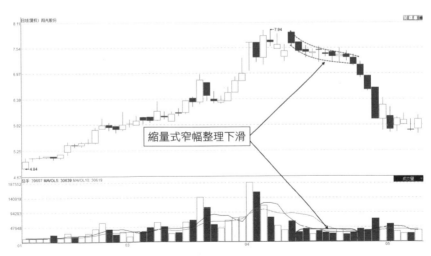

▲ 圖 2-7　陽光股份 2019 年 2 月至 5 月走勢圖

2.2.7　震盪整理區斷層式縮量

　　斷層式縮量，是一種特殊的量價組合，它表現為先是價格走勢的一波放量上揚（可以是突破創新走勢，也可以是震盪區間內的一波反彈），平均成交量處於較高的狀態。隨後，價格走勢開始震盪滑落，期間的均量水準遠小於之前的放量上揚波段。上揚波段的放量與震盪滑落波段的縮量，形成一種斷層式的縮量效果。

　　這種量價關係的出現，是多方力量快速減弱且具有持續性的訊號。一般來說，經歷斷層式縮量的震盪後，股價破位下行的機率大大增加，預示跌勢將出現，是中短線的風險訊號。

　　圖 2-8 為沃格光電 2018 年 11 月至 2019 年 6 月走勢圖，此股在價格走勢震盪上揚波段的成交量，與隨後震盪滑落波段的成交量形，呈斷層式縮減的對比效果，這就是典型的斷層式縮量型態。

　　雖然此時的股價處於中長期低位，但從中短期來看，股價已有

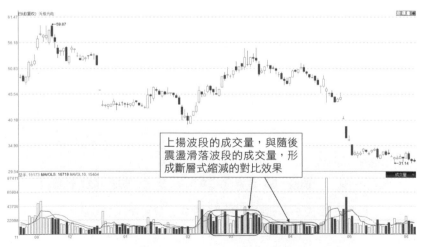

▲ 圖 2-8　沃格光電 2018 年 11 月至 2019 年 6 月走勢圖

一定的反彈幅度，而且這種量價關係是跌勢將出現的訊號。操作中，持股者在識別這種量價型態後，宜及時賣出以規避風險。

2.2.8　盤面一字型水平巨量

一字型水平巨量雖然是一種盤面量價型態，但它不只是短線漲跌的訊號，往往還可以準確預示中期跌勢的展開。其特徵是：分時線幾乎呈水平的一字型運行，而且往往是在盤中突然降低幾個百分點後的相對低位點，期間的分時量明顯放大，經由查看日 K 線圖，當日的成交量也會呈明顯放大狀態。

盤面呈一字型運行期間，如果查看期間的交易明細及買賣盤變化，就會發現：委買委賣盤變得異常龐大，有大單壓頂也有大單托底，當原有的大單被買後（多數情況是買方主動買上方的委賣單），新的大單會立刻掛出，似乎有永遠吃不完的賣單一樣。

這是一種典型的盤面異動型態，與多空雙方你來我往的交鋒過程顯著不同。它有很高的辨識度，對於投資人來說，只要查看盤面分時圖就很容易發現。但經驗欠缺的投資人，往往將其誤看作是新、老主力進行交接而形成的，然而真實的市場情況並非如此。

一般而言，這是中短線主力為急速出貨而刻意製造的盤面假象，而且主力全無拉升意願。歸納眾多此種盤面型態的個股後會發現：它們幾乎都預示股價中短期內的大幅下跌走勢，是新一輪下跌行情開啟的訊號之一，也預示高風險的盤面型態。

對於持股者來說，一旦發現手中個股出現這種盤面型態，且個股又無業績支撐（或是估值狀態較高），即使股價當前處於中短期內的低點，持股者也應控制好倉位或是清倉離場，以規避中短期大跌風險。

　　圖2-9為秦安股份2017年11月28日分時圖，從日K線圖來看，當日處於此股價格走勢中長期的低位區，短期內處於盤整後的突破點，但盤面出現的一字型水平巨量型態十分鮮明，並引發當日明顯放量。由於此股的估值狀態並不低，而這種型態又是主力資金快速出貨的重要訊號之一，中短期大跌風險較大，操作中，持股者宜第一時間賣出。

▲ 圖 2-9　秦安股份 2017 年 11 月 28 日分時圖

2.3　牛市中的量能轉向訊號

　　熊市的持續下行使市場人氣極度低迷，市場交投持續萎縮，此時的量能特徵不明顯。一般來說，經由價格走勢的止跌及估值優勢，我們可以更有把握地判斷熊市見底。牛市則不同，牛市的形成及發展雖然與經濟面的好轉有關，但最終要轉化為市場上的資金驅動，而持股者在獲利的情況下，就有較強的獲利了結心態。

　　因而隨著股價上漲，多空分歧會較為明顯，從而使量能型態特徵也更為鮮明。特別是牛市行進途中，我們很多時候僅依據均線、趨勢線等純粹的價格軌跡模式來分析趨勢，往往會滯後於市場的變化。在價格波動相對迅急的情況下，投資人就極有可能錯失牛市的大部分利潤。

　　由於牛市中鮮明的量能型態特徵，「量在價先」能夠幫助我們分析牛市運行情況，從而在趨勢將轉向而未真正轉向時，提供賣出訊號。本節中，就來瞭解那些可能出現的、預示著牛市將轉向的量價訊號。

2.3.1　堆量式上漲後的縮量

　　堆量是指成交量連續數日大幅度放出，且這些交易日放量效果
較為接近，使量能呈現出一種堆積式放大的型態特徵。這種量能型
態驅動的上漲，往往不具有持續性，個股價格很難站穩於短線大漲
後的高點。一旦堆量效果消失、成交量開始縮小，中期頂部往往就
會出現。對於持股者來說，應注意減倉以規避風險。

　　圖 2-10 為躍嶺股份 2018 年 5 月至 8 月走勢圖，在此股價格的
一波上漲走勢中，成交量呈堆積式放大狀態。在隨後的短期高點，
如圖所標注成交量突然縮減，這是一個短線回落訊號。在一波回落
再反彈的過程中，成交量持續呈現縮小狀態，這表示此股價格難以
再拾升勢，中期走勢或將向下，此時的局部縮量型態，就是較為明
顯的中線離場訊號。

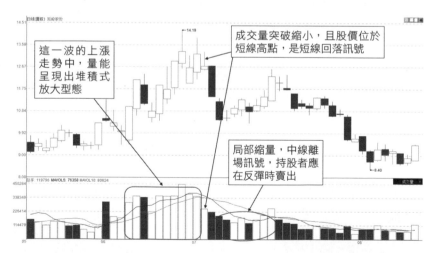

▲ 圖 2-10　躍嶺股份 2018 年 5 月至 8 月走勢圖

2.3.2　放量竄升後急速縮量止漲

　　這種量價型態是指，個股成交量在一波放量上漲之後，出現急速的縮量回落（縮量整理）。縮量的效果十分鮮明，僅經歷數個交易日，成交量就回到起漲前的均量水準，這種量價關係是上漲推動力量突然消失的標誌。一般來說，在短暫的縮量整理之後，若股價重心無法上移，或沒有出現長陽線突破的情形，則表示空方力量開始佔據主動，是股價中期走勢或將向下的訊號。

　　圖 2-11 為滄州大化 2019 年 2 月至 5 月走勢圖，此股在價格一波上漲時的量能放大效果較好，買盤入場積極，但市場多空力量的變化也十分迅速。隨著短線回落時成交量快速縮小及整理區滯漲，空方力量已然開始佔優勢。持股者此時應提防破位向下的風險，可提前減倉、鎖定利潤，當破位型態出現、趨勢向下訊號明確時，持股者則應清倉離場。

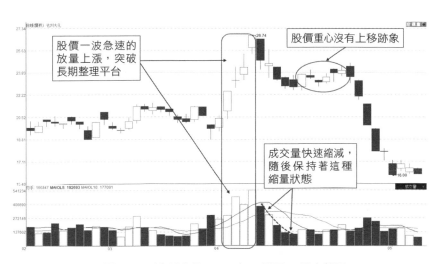

▲ 圖 2-11　滄州大化 2019 年 2 月至 5 月走勢圖

2.3.3　二度突破上衝大幅縮量

　　個股價格在上升途中，先是出現一波放量創新高的走勢，隨後開始強勢的橫向震盪整理，成交量開始縮減。當股價再度上漲至前期高點、欲形成突破之勢時，量能卻明顯小於第一次到達此位置的水準。這種二度上衝、大幅縮量的型態，表示市場上攻動力不足，新一輪上升行情很難展開，持股者宜逢高賣出。

　　在實盤操作中，為了避免與那些預示中長線機會的主力參與能力較強、市場浮籌較少情況下的二度突破縮量型態混淆，持股者可以耐心觀察此位置點的市場承接力度。

　　如果於盤中出現實體相對較長的陰線，或是大幅下探的長下影線的 K 線，表示市場浮籌較多，縮量突破就難以展開；如果是較為穩健的小陽線、小陰線，使股價重心依舊上行，則投資人可以持股待漲、繼續觀察。

　　圖 2-12 為海蘭信 2019 年 1 月至 5 月走勢圖，此股在價格持續上揚的過程中，就出現了這種二底突破上衝大幅縮量的盤面型態。當價格再度達到整理區高點時，連續中陰線的出現，表示這個位置點的市場承接力較弱，也提示我們此時出現的二度縮量並不是源於主力參與力度不強，而是多方推動力量減弱的結果。

　　這是多空力量對比格局轉變的標誌，也預示了股價中期走勢或將轉向向下，是風險的提示。

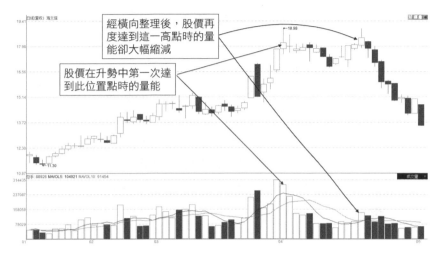

▲ 圖 2-12　海蘭信 2019 年 1 月至 5 月走勢圖

2.3.4　縮量窄幅盤升後的放量劇震

　　一些個股在價格持續上漲的過程中，並沒有出現正常的「放量上漲」量價配合關係，但這不代表升勢不成立。道氏理論提到「交易量可以驗證趨勢」，這是指成交量只是用於驗證趨勢的一種方法，但無法決定著趨勢運行。

　　個股在價格持續的上漲中並沒有放量，而是呈現不放量或相對縮量的狀態，原因可能有很多種：如持股者以機構為主、散戶稀少。由於機構投資人多是中長線持有，並不會因為股價一時漲跌而大量拋售，因此，個股上漲就沒有明顯壓力，可以呈現出相對縮量的狀態。又或者是主力資金的大量持籌，同樣會導致散戶持股數量較少，上漲時壓力較小，個股呈現出相對縮量狀態。

　　如果個股在價格持續上漲的過程中沒有明顯放量，那麼，只要這種量價關係不被破壞，個股沒有明顯的利空消息，持股者就可以

耐心持有。但由於這種走勢沒有足夠的買盤入場支撐，一旦出現賣盤大力拋售，往往就會導致價格走勢的中短期急速轉向，且價格走勢不僅轉向速度快，跌幅也是極大的。

　　圖 2-13 為新萊應材 2018 年 4 月至 8 月走勢圖，此股價格在持續上漲的過程中，一直呈相對縮量狀態。但隨著股價上漲並進入高位區，出現上下影線較長、大幅放量的單日劇震型態。

　　這是場內資金開始大力拋售的訊號，也預示隨後可能會有價格走勢急速轉向的風險。持股者在看到這種型態後，宜第一時間賣出，鎖定利潤，以規避風險。

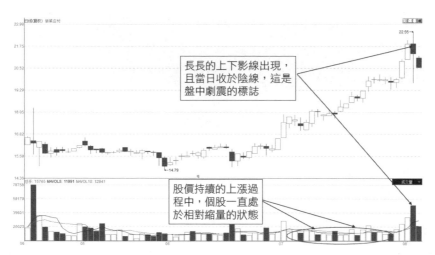

▲ 圖 2-13　新萊應材 2018 年 4 月至 8 月走勢圖

2.3.5　堆量上漲波段探頭式放量

　　探頭式放量多出現在堆量上漲走勢背景下，它是在堆量效果基礎上的進一步放量，呈現出向上探頭的視覺效果。當這種量價型態

出現後，由於成交量很難再進一步放大，而市場賣壓又進一步增強（交易量是雙向的，放量既代表著買盤，也代表賣盤）。因此，個股價格走勢隨後在賣盤的壓力下，或將出現中期轉向。

　　一般來說，探頭式放量當日若收於陽線，則當日的收盤價很有可能就是中短期內的最高點，特別是在股價短期漲幅較大的背景下。因此，持股者若能在第一時間減倉或清倉，相對來說是較穩妥的選擇。

　　圖 2-14 為星湖科技 2019 年 3 月至 5 月走勢圖，此股在價格一波上漲中出現堆量型態，隨後成交量再度放大且當日收於陽線，呈現出探頭式放量型態，這是中短期內價格上漲接近極限的訊號。隨後價格走勢震盪向下的機率大增，我們可以將其看作是原有牛市運行格局快速轉向的訊號。

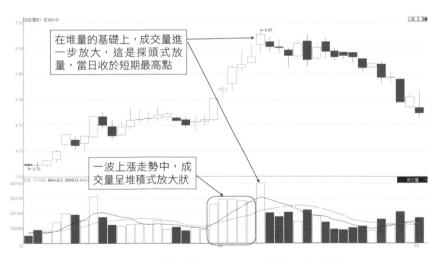

▲ 圖 2-14　星湖科技 2019 年 3 月至 5 月走勢圖

2.3.6 遞增式放量上揚型態

遞增式放量上揚型態雖然是一種局部量價型態，但它常常能預示價格走勢的中期轉向，特別是當遞增上揚波段的漲幅較大時。這種量價型態特徵包括：在連續多個交易日內，成交量呈現出逐日放大的遞增式變化，即後一交易日的成交量略大於上一交易日（在實盤操作中，只要 5 日均量線保持持續上揚型態，則這種局部量能型態就可以被稱為遞增式放量）。

遞增式放量上揚，說明在個股的這一波價格上漲走勢中，買盤的入場力度越來越大。但隨著放量幅度的逐級遞增，對於短期內市場多方力量的消耗速度也在加快。

此外，由於交易是雙向的，不斷放大的量能也同時說明市場的獲利賣壓越來越重。因此，當成交量無法再度放大時，由於短線高點的買盤承接力度減弱，一波深幅調整走勢的出現機率也將大大增加。

圖 2-15 為龍建股份 2019 年 3 月至 5 月走勢圖，個股在價格突破盤整區的一波上漲走勢中，出現成交量逐日放大的遞增式放大型態。由於短線漲幅較大，且股價正處於向上突破波段，正是市場分歧加劇、短期賣壓大增的運行環節。因此，當量能無法再度放大時，股價很難保持住突破成果，一波深幅回落、再度跌回盤整區的機率較大，持股者宜及時逢股價突破衝高之際賣出觀望。

從實際走勢來看，遞增式量能中的成交量峰值處，往往也就是個股價格階段性高點的位置處。在實盤操作中，一旦個股無法維持這種遞增放量的效果，就宜短線逢高賣股，以規避隨後的股價下跌風險。

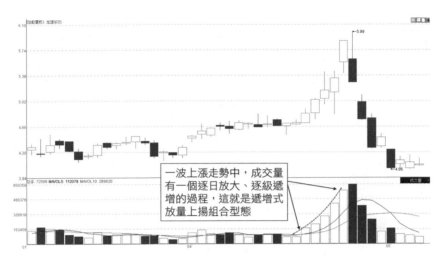

一波上漲走勢中，成交量有一個逐日放大、逐級遞增的過程，這就是遞增式放量上揚組合型態

▲ 圖 2-15　龍建股份 2019 年 3 月至 5 月走勢圖

2.4 技術分析中必懂的量價準則

美國股市分析家格蘭維爾（Joseph E. Granville）在其著作《股票市場指標》中，論述了成交量的重要作用，並指出：「成交量是股市的元氣與動力，成交量的變動，直接表現股市交易是否活躍、人氣是否旺盛，而且展現市場運作過程中供給與需求間的動態實現。沒有成交量的發生，市場價格就不可能變動，也就無價格趨勢可言。成交量的變化過程就是市場運行過程中，供需關係的動態變化過程，成交量的增加或萎縮，都反映了一定的價格運行趨勢。」

基於對股票市場中的量價關係研究，格蘭維爾總結出 8 種量價組合。這些量價組合有很強的通用性，且經過時間驗證，因此獲得全世界投資人的普遍認同，被稱作「經典量價準則」，是技術派投資人必學的內容之一。

本節中，我們以格蘭維爾的交易法則為切入點，結合市場的案例，來看看這 8 種具體的量價組合型態特徵。

2.4.1　格蘭維爾的 3 種交易法則

1. 買入法則

　　買入法則是對買入行為的一種策略性指導，主要包括兩點內容：一是上升狀態下的買入策略；二是趨勢不明狀態下的買入策略。

　　格蘭維爾指出：當市場處於牛市時，由於升勢格局較為明朗，投資人應堅定持股，且股價每一次的回檔整理都是買入的時機。如果市場運行處於趨勢不明朗的狀態，比如在上升途中的震盪階段，或是中長期低位區的持久止跌走勢階段，此時投資人依然可以實施逢短期回落時買入的策略。

2. 賣出法則

　　賣出法則是對賣出行為的一種策略性指導，它指出：當市場處於較為明朗的熊市運行格局時，投資人應堅定持幣，且股價每一次的反彈都是賣出時機。

　　如果市場的上漲趨勢沒有確立時，比如在中長期低位區出現一波強勢反彈，卻沒有發出趨勢轉向訊號，此時投資人應在股價上漲時擇機賣出。

3. 警告法則

　　警告法則主要提醒投資人何時該買、何時該賣。它是一種提示機會與風險的策略性指導，主要包括以下 4 點。

　　一是當市場並沒有確立牛市格局時，投資人不應在股價短線回落時過早「抄底」買入；二是當市場已出現較為明確的熊市格局時，投資人應堅決持幣觀望，不宜入場買股；三是當市場並非處於明確的熊市格局時，如果股價出現上漲，投資人不必急於賣出，可以見

勢而行（特別是股價處於中長期低位區時）；四是當市場已確立為
牛市格局時，投資人宜持股不動，不宜盲目賣出。

2.4.2 量價準則之量價齊升

量價齊升也被稱為價升量增，是指伴隨著股價的節節上升，成
交量也同步地不斷放大。即價格走勢創出新高，成交量的均量水準
也同步創出新高，也就是我們常說的「有量有市」。這種量價配合
關係，表示市場上漲得到充足買盤的推動，意味著上漲趨勢仍將繼
續。

量價齊升是一種整體性量價關係，它並非指局部上漲波段中出
現的「放量上揚」，而是將後一波上漲時的量能，與前一波上漲相
比得出的。後一波上漲時由於股價創出新高，因此其均量也要相應
地增加。

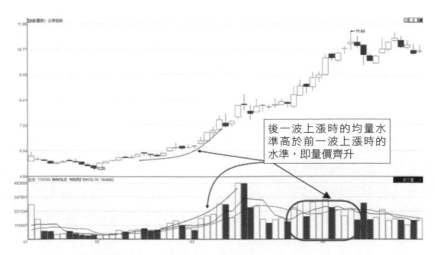

後一波上漲時的均量水
準高於前一波上漲時的
水準，即量價齊升

▲ 圖 2-16 雲賽智聯 2019 年 1 月至 4 月走勢圖

　　圖 2-16 為雲賽智聯 2019 年 1 月至 4 月走勢圖，對比可見：後一波上漲時的均量，高於前一波上漲時的水準，這就是量價齊升型態。在圖中標注的第一波上漲走勢中，雖然也有放量上漲型態，但那只是一種局部量價型態，並不是我們在此講解的量價齊升關係。

2.4.3　量價準則之量價背離

　　量價背離型態與量價齊升正好相反，它是指：後一波上漲時的價格雖然創出新高，但此波上漲過程中的均量，不如之前一波上漲時的水準。

　　這種量價關係出現在累計漲幅較大的位置點，是市場做多情緒減弱、買盤無法再繼續放大的表現。雖然股價同期創出新高，但這種創新高的走勢是較為可疑的。股價之所以能再創新高，是因為獲利盤並沒有大量湧出。但這種上漲是不堅實的，隨時可能因為個股短期滯漲或是市場回落，而導致獲利盤大量離場。此時，投資人入場買盤的承接力度很小，就會導致趨勢反轉向下。

　　圖 2-17 為江鈴汽車 2018 年 12 月至 2019 年 5 月走勢圖，此股在價格一波創新高走勢中的均量水準，明顯小於之前持續上揚波段的量能。將兩個上漲波段的均量水準進行對比，再結合同期此股價格累計漲幅較大的事實，我們可以預判趨勢見頂的機率大增。

　　當這種量價背離型態出現後，持股者一般不必過早離場，因為基於良好的上漲型態，很多個股價格仍將持續上漲。一般來說，持股者可以等到量價背離型態較為鮮明，而個股價格在短期上漲走勢中又遇到壓力（如出現大陰線或是連續多日滯漲）時再賣出。

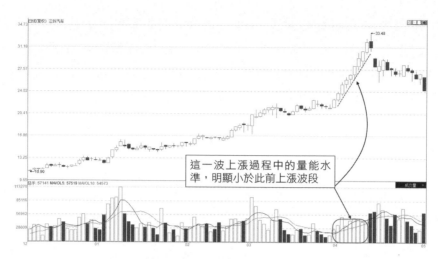

這一波上漲過程中的量能水準，明顯小於此前上漲波段

▲ 圖 2-17　江鈴汽車 2018 年 12 月至 2019 年 5 月走勢圖

2.4.4　量價準則之價升量減

　　量價齊升、量價背離均屬於整體性量價型態，它們主要用於判斷趨勢運行。而價升量減則不同，它是一種局部量價型態，僅預示股價短線回落。這種型態的特徵為：個股在價格的一波上漲走勢中，上漲起步時的量能放大較為明顯，但隨著股價節節上漲，成交量反而呈現逐步縮減的狀態。

　　此型態表示入場的買盤力度在不斷減弱，它與「漲時放量、跌時縮量」的配合關係不同。雖然此型態較為少見，但一旦出現，我們就要做好階段性逃頂的準備。

　　圖 2-18 為華貿物流 2019 年 1 月至 3 月走勢圖，此股在一波價格創新高的走勢中，就出現明顯的價升量減型態。由於此時中短期漲幅均較大，因此不僅預示股價在短期內，難站穩於上漲後的高點，也提示其進入中期頂部的機率較大，持股者宜逢高賣出。

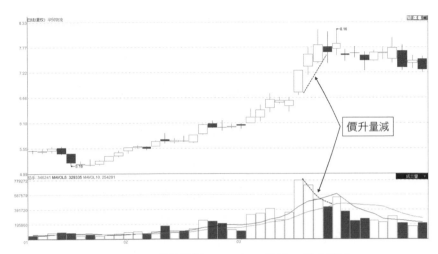

▲ 圖 2-18　華貿物流 2019 年 1 月至 3 月走勢圖

2.4.5　量價準則之量價井噴

　　量價井噴，是指成交量劇增、價格走勢直線上揚。這種組合型態出現在低位區，是升勢或將出現的訊號。但如果出現在相對高位區，即個股之前已出現較長時間的放量攀升走勢，多表示個股價格的上漲趨勢已接近尾聲，是趨勢即將反轉的訊號，因此投資人看到此型態時，要格外小心以免判斷錯誤。

　　成交量急速放出，勢必導致多方力量過快釋放，而買盤力量又是有限的。物極必反，當買盤釋放過快、過度後，趨勢出現反轉的機率自然大增。在量價井噴走勢過後，我們往往能看到個股出現「成交量大幅萎縮，價格急速下跌」的走勢特徵，這正是市場已經沒有較充足的買盤來抵擋股價大幅回檔的標誌。

　　圖 2-19 為同為股份 2019 年 2 月至 4 月走勢圖，此股在價格上升的途中整理後，出現一波量價井噴走勢。由於有之前的放量攀升

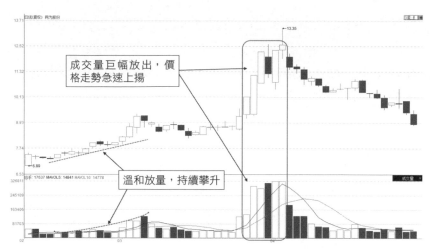

▲ 圖 2-19　同為股份 2019 年 2 月至 4 月走勢圖

作鋪墊，這一波量價井噴之後，股價的中短線漲幅已經較大，是中期走勢見頂的訊號。

2.4.6　量價準則之巨量滯漲

　　巨量滯漲，也被稱為放量滯漲，是指成交量大幅放出，而價格走勢卻呈橫向滯漲的狀態。這種量價型態一般預示中短期頂部將出現，而量能放大越明顯，則個股價格隨後的中短線跌幅往往越大。

　　從實際走勢來看，巨量滯漲的型態常出現在短期高點，可能是一波上漲後的高點，也可能是盤整區的突破位置點。這種量價型態的市場含義往往難以解讀，因在此期間的價格走勢未見明顯變化，常常以窄幅的橫向整理為特徵。

　　但我們可以試想一下，當成交量劇增時，個股一定湧入大量買盤。在如此大量買盤湧入的情況下，股價都無法出現明顯的上漲

了，那麼在隨後買盤跟不上的情況下，股價走勢又會如何呢？

而且，巨幅放出的成交量是否有主力參與其中呢？如果主力資金在巨量中，都無法推升股價上漲，那主力的真實市場行為是否為出貨呢？因此綜合來看，這是一個中短線的警示訊號，預示價格走向或將轉向。

圖 2-20 為同德化工 2017 年 9 月至 12 月走勢圖，在盤整區的突破位置區，此股價格走勢雖然呈現強勢的橫向整理特徵，但同期成交量卻異常放大。這就是巨量滯漲型態，表示此股在突破位置區遇到大量賣盤，此時還沒有立刻轉向，是因為股價的短線漲幅不大，且呈現出突破的型態特徵。

但隨著滯漲走勢持續，持股者的耐心會越來越低，並導致價格走勢調頭向下，對於持股者來說，宜減倉或清倉。

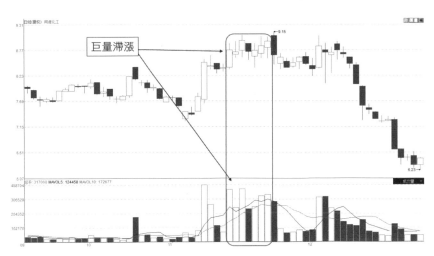

▲ 圖 2-20　同德化工 2017 年 9 月至 12 月走勢圖

2.4.7　量價準則之回探縮量

　　底部的構築往往是一個反覆的過程，這與多空雙方力量趨於平衡，且多空分歧明顯的市況有關。當股價第一次探底時，一般來說，由於恐慌盤的拋售或是看空情緒的加重，常會出現大量下跌。

　　在抄底盤參與後，個股價格開始止跌震盪，此時，當股價再度下探至前期低點，而個股呈現相對縮量狀態（相對於第一次下探至此位置區時的量能），則表示空方賣壓已在大幅減弱。隨後買盤再度抄底入場及持股者鎖倉的情況下，股價觸底反彈的機率將大增，並有望築底成功。

　　從量能型態上來看，股價第二次探至低點時的量能，會小於第一次下探時的量能。這屬於二次探底相對縮量，我們稱之為「回探縮量」，它預示底部的出現及股價後期的上漲。

　　圖 2-21 為恒順醋業 2017 年 12 月至 2018 年 5 月走勢圖，在中

▲ 圖 2-21　恒順醋業 2017 年 12 月至 2018 年 5 月走勢圖

長期的低位區，圖中標注了此股價格兩次下探至最低位置區時的量能大小。對比可見，第二次下探至低點時的量能明顯相應縮小，這種二次探底縮量型態是中短期走勢見底的訊號之一。結合股價前期的巨大累計跌幅來看，投資人此時可適當參與，實施中線佈局操作。

2.4.8　量價準則之放量探底

　　股價持續下跌使市場的恐慌情緒加重，如果個股價格累計跌幅本就較大，再度出現放量下跌型態，此時在個股沒有明顯利空消息的情況下，這種下跌多源於非理性的市場拋售行為。這是空方力量的一次相對集中釋放，也將使空方力量在中短期內大大減弱。這一波放量下跌所創的低點，往往在短時間內很難被突破，並很有可能引發趨勢反轉，我們可以預期價格走勢隨後有望反轉。

　　這種量價關係與前面所提到的量價井噴恰好相反：量價井噴反映了升勢末期多方力量的集中釋放，導致上漲趨勢反轉；而我們這裡所講的量價關係，則是跌勢末期空方力量的集中釋放，導致下跌趨勢反轉。在學習經典量價關係時，可以如上對比參照，會更容易理解。

　　圖 2-22 為晨光生物 2018 年 6 月至 11 月走勢圖，此股在中長期的低位區，出現股價重心持續下移、但跌速很緩慢的走勢格局，並使空方力量得到一定程度的積累。

　　隨著市場低迷及大盤波動，一波放量破位走勢隨之出現，價格短期跌幅大、量能放大明顯，這是對空方力量的集中釋放。結合當前位置區來看，空方力量過度釋放後，在抄底盤湧入及持股者鎖倉的雙重驅動下，趨勢有望迎來反轉。

對於投資人來說，在放量下跌後的止跌階段可適當參與，買股佈局。但由於這是一種抄底行為，而跌勢的幅度往往超出預期，個股即使有業績支撐，在低估的狀態也仍然能夠繼續下行，正所謂「牛市不言頂，熊市不言底」。因此，投資人在佈局時應儘量控制好倉位，並設定好停損價位。

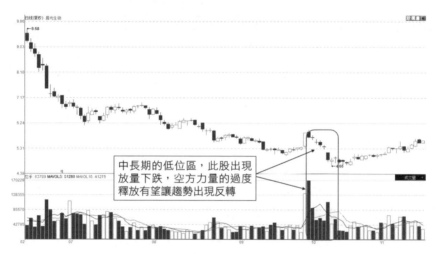

中長期的低位區，此股出現放量下跌，空方力量的過度釋放有望讓趨勢出現反轉

▲ 圖 2-22　晨光生物 2018 年 6 月至 11 月走勢圖

2.4.9　量價準則之破位放量

對於上升趨勢來說，我們可以借助畫線法則來畫出趨勢的支撐位。在上升途中，偶然性的波動使價格向下跌破支撐位，並不意味著趨勢轉向；但在頂部區，價格向下跌破支撐位，卻是反轉訊號。

那麼，如何區分「上升途中的偶然波動跌破支撐位」與「預示著趨勢反轉的頂部區跌破支撐位」呢？除了關注累計漲幅與估值狀態外，利用交易量這個輔助工具，也是十分有效的。

在這種量價關係中，是將成交量與趨勢線或移動均線做綜合思考，移動均線與趨勢線，可以清楚反映出趨勢運行的狀態。再把成交量的因素考慮進來後，不僅可以更為準確地應用移動均線與趨勢線判斷趨勢，同時還可以利用量價分析法，即綜合考慮成交量與其他技術指標，來預測股價的運行。

在相對的高位區，甚至是長期橫向整理，如果個股出現放量跌破中期移動均線或是上升趨勢線（即支撐線）的現象。此表示空方力量已開始佔據明顯主動，且市場賣壓沉重，趨勢運行方向開始調頭向下的機率大增。

對於移動均線來說，一般以 MA30 或 MA20 來代表，其中，MA20 由於兼顧均線的靈敏度與趨勢性，能更及時地提示賣出時機。

圖 2-23 為海越能源 2019 年 2 月至 5 月走勢圖，圖中的均線為 MA20。此股價格在持續上漲後，於相對高位區橫向震盪，期間雖偶有震盪跌破 MA20，但量能未見變化，且股價也能迅速收復失地，因此這不是趨勢轉向訊號。

但隨著震盪持續，如圖中標注的位置，此股價格以成交量相對放大的方式跌破 MA20 的型態，就說明獲利盤已經開始大量拋售。它是一個訊號，是買盤無法抵擋獲利盤拋出的訊號，同時也是趨勢反轉的訊號。

結合同期市場整體走勢較弱、人氣低迷的情況來看，在股價跌破 MA20 後，或將引發更多的資金離場並導致跌勢加速。因此對於持股者來說，宜在第一時間賣出，以規避趨勢快速轉向的中短期風險。

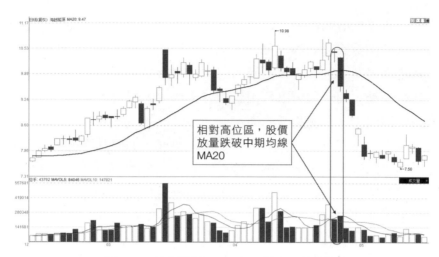

相對高位區，股價
放量跌破中期均線
MA20

▲ 圖 2-23　海越能源 2019 年 2 月至 5 月走勢圖

第 3 章

用 26 個實戰分析，
一次牢牢記住 K 線反轉訊號

3.1 及時判斷出次級運動，不被趨勢牽著走

前面的章節中，我們主要學習分析、判斷基本趨勢的方法與技術手段，本章開始，將繼續深入學習道氏理論提及的次級運動。

次級運動也可以稱為折返走勢、次級走勢、次要趨勢，它出現在基本趨勢的運行過程中。與短期波動相比，次級運行有明確的方向性，且幅度較大。基於價格走勢的不確定性與趨勢判斷的難度，**投資人如果不能及時識別次級運動的出現，就會使帳戶資金驟增驟減，這對於實盤交易來說，是十分被動的**。所以若能及時辨識出次級運動，才能順利實現帳戶資金穩步增長。

在前面講解趨勢分析的基礎上，論述了中級轉向的一些常見型態，它們都可以視作次級運動的轉向訊號。本章我們繼續深入，從實戰的角度出發，來看看如何利用更多的方法，來預測次級運動的出現。

次級運動以兩種方式呈現。在上升趨勢中，它是中級回檔波段；在下跌趨勢中，它是中級反彈波段。當折返走勢出現後，價格常常可以回檔這一波漲跌幅度的 1/3 或 2/3。可以說幅度極大，因此正確地判斷出這種級別的運動，是保障一筆交易成功的關鍵因素。

3.1.1　實戰中具關鍵的「次級運動取代性」

次級運行在道氏理論中的地位，雖然不及主要趨勢，但在實盤交易中，對次級運動的判斷準確與否，往往直接決定一筆交易的成敗，即使這筆交易是以主要趨勢為基礎的中長線交易。

這是因為，實際的股票市場運行，特別是個股價格走勢，其趨勢運行週期往往大幅短於道氏理論給出的結論。而且次級運動的波動幅度極大，我們往往很難從牛熊交替的宏觀趨勢角度，來實施「逃頂抄底」長線操作。

在股市並非處於十分低迷的狀態時，個股價格走勢具有較強的獨立性，震盪反覆的行情取代整體升勢格局。此時，如果不能及時地辨識次級運動的出現，投資人就有可能被趨勢運行「牽著走」，一時認為當前為升勢格局，一時又認為當前為跌勢格局，那我們的交易也將是極為被動的。

次級運動在市場的波動幅度加大，或是受消息面影響的時候，它甚至能夠取代原有的基本趨勢，特別是當原有趨勢運行力度不夠強的時候。例如：在上升趨勢相對明朗的狀態下，此時的個股價格可以畫出明確的支撐線，均線也呈多頭排列，但就是在這樣的背景下，基本趨勢也可能隨時轉向，由原來的升勢直接過渡到跌勢中。

這可以說是次級運動演變為趨勢轉向，而這種演變是隨價格走勢不斷發展才呈現出來的，也就是說我們很難在次級運動形成之初發現這種演變。

而當次級運動完成演變、跌勢相對明確的時候，我們已然錯失最好的賣出時機。此時很可能就是中期底部，賣出則利潤全無，持有則變成逆勢操作。對於不熟悉股市這種劇烈波動特徵的投資人來說，如果僅秉持著簡單的「順勢交易」原則，將很可能坐一次「過

山車」並陷入兩難困境。

所以說分析次級運動是交易成敗的核心要素之一，**次級運動表現在盤面型態上，就是那些預示著中短期走勢變盤的轉向訊號**，它們可能是 K 線的型態變化，也可能是量價的特定組合，或分時圖的特徵型態等等。

道氏理論沒有提及次級運行的這種取代性，是因為道氏理論是一個相對理想化的趨勢運行模型。如果實際走勢中出現了次級運動的這種取代性，那麼在道氏理論中，次級運動之前的走勢便不能被稱為基本趨勢，而應將其歸結為無趨勢的震盪型態。

但對於廣大投資人來說，這種理想化的分析模型具有明顯的滯後性。因此在實盤中，理解次級運動的這種取代性有重要指導意義，也能使我們在交易中有更強的主動性，而不是被可能快速轉向的趨勢「牽著走」。

3.1.2 （實例）解讀次級運動的演變

圖 3-1 為陝鼓動力 2018 年 12 月 17 日至 2019 年 4 月 23 日走勢圖，我們來看一下此股價格的運動過程。

首先，股價突破中長期的低位平台區，隨後股價節節攀升、量能放大，是步入升勢的標誌。此時，我們可以畫出一條上升趨勢線以顯示其支撐位。隨後，股價在累計漲幅不大的位置點出現橫向整理型態，但股價重心略有上移，這是升勢仍在持續的標誌。

當股價經一波快速調整而短期跌破支撐線時，由於量能未見明顯異動，股價前期累計漲幅較小且升勢型態穩健。依據趨勢運行規律，我們可以將這一波調整看作次級運動，它是升勢中出現的一次短期調整。

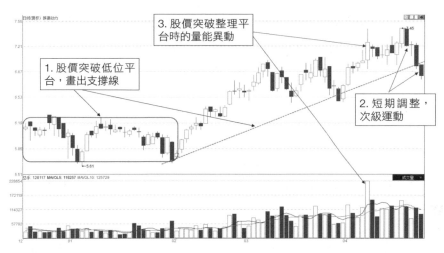

▲ 圖 3-1　陝鼓動力 2018 年 12 月 17 日至 2019 年 4 月 23 日走勢圖

　　如果我們判斷這只是一次相對短暫、幅度適中的次級回檔走勢，則此時買入無疑是升勢中的一種正確交易方法。但是，2019年 4 月 23 日這個時間點真的適合逢低買入嗎？

　　圖 3-2 標示了此股價格在 2019 年 4 月 23 日之後的運行情況，從此股隨後的價格走勢來看，這一波起初看似為次級調整的走勢，已然逐步演變成一輪深幅下跌行情。如果我們在 4 月 23 日逢回檔買入，中短期內將出現較大幅度的虧損，而這還是在參與績優股的過程中，且非追漲行為交易下出現的虧損。

　　如果我們仔細查看，就會發現一個線索：在升勢整理後的突破過程中，出現單日巨量的型態，如圖 3-1 中的「3」所標示。在隨後的小節中，會講到這是一種可稱之為「脈衝式放量」的型態，它多預示個股價格難以站穩於短期突破後的位置點，是深幅調整或將展開的訊號。

　　如果我們能夠正確辨識這一型態，就能提前預判這一輪中級下

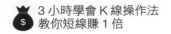
跌走勢,而不是將其看作短期內幅度相對較小的次級回檔走勢,也
就避免在上升途中逢回檔買入的被套風險。

▲ 圖 3-2　陝鼓動力 2019 年 1 月至 6 月走勢圖

3.2 ▶ 單根 K 線的次級轉向訊號

　　K 線表面上只是記錄價格走勢的一種工具，然而，它也是市場多空雙方力量對比轉變情況的外在表現。單根 K 線雖然只代表一個交易日的多空雙方交鋒情況，但是在很多時候，一些型態特徵鮮明的單根 K 線，卻能夠提示我們多空力量的快速變化，進而指示次級運動的出現。

3.2.1　影線的兩種轉向訊號

　　影線，指單根 K 線出現了較長的上影線或下影線，且影線比 K 線的矩形實體要長。**實盤中，有兩種影線的實戰性較強，一是長上影線，二是長下影線。**

　　長上影線主要用於短線高點，常常是一波次級回落走勢出現的訊號。此時長上影線的出現，反映多空雙方交鋒過程較激烈，且多方在盤中發起的進攻，最終被空方所壓制無功而返，彰顯出市場短期內的逢高賣壓沉重，短期股價出現回落走勢的機率將大增。

　　圖 3-3 為文一科技 2017 年 12 月至 2018 年 5 月走勢圖，此股在持續運行過程中，多次出現長上影線型態，有陽線也有陰線，有

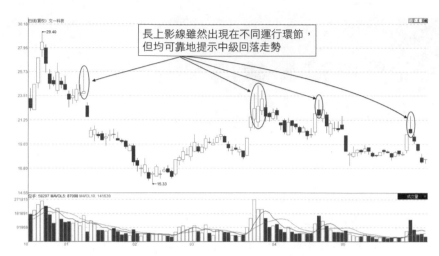

▲ 圖 3-3　文一科技 2017 年 12 月至 2018 年 5 月走勢圖

出現在反彈位置點的，也有出現在低位區突破位置點的。

　　從趨勢運行的角度來看，反彈位置點（箭頭指示的最左側）的長上影線，固然可以提示反彈遇阻，是新一輪跌勢將要展開的訊號。但對於低位區突破點的長上影線，如果從趨勢運行的角度，忽略次級回落走勢將出現的訊號，繼續選擇持股不動，則將在交易上十分被動。因為個股價格隨後便步入震盪下跌的走勢格局，再度步入趨勢不明朗的狀態。利用長上影線提示的訊號，能夠及時調整倉位，在交易上也會佔據主動。

　　長下影線型態剛好相反，它主要用於階段性低點，是空方盤中拋售過程中遇到強有力承接的標誌，一般來說，它是中短期內觸底回升的訊號。圖 3-4 為金自天正 2018 年 10 月至 2019 年 1 月走勢圖，此股在相對低位區的窄幅平台震盪過程中，出現一個盤中破位。但收盤前強力收復的長下影線型態，表示此位置點的支撐力強，股價隨後有望震盪上行，是中短期內的買股訊號。

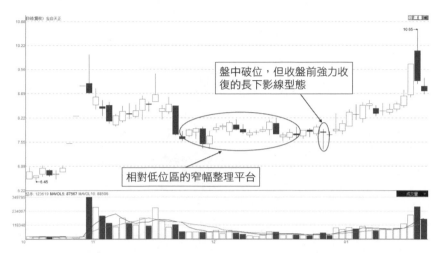

▲ 圖 3-4　金自天正 2018 年 10 月至 2019 年 1 月走勢圖

3.2.2　如何判斷可靠的折返訊號

在利用長影線分析判斷時，一定要關注價格的局部走勢。只有出現在階段高點的長上影線，才是相對可靠的回落訊號。同樣，只有出現在階段低點的長下影線，才是相對可靠的回升訊號。

如果長上影線出現在階段低點，那麼它的市場含義將會改變，此時的長上影線反映多方力量盤中上攻遇阻，更偏向提示訊號，即多方有意推升價格。雖然短期內的實力依然不佔明顯優勢，但隨著走勢的持續，多方很可能會再次佔據主動，所以這可以說是一個回升訊號，並非回落訊號。

圖 3-5 為國軒高科 2018 年 10 月至 2019 年 2 月走勢圖，此股交替出現長上影線與長下影線。長下影線表示此位置點支撐力強，長上影線表示多方上攻遇阳。結合股價當前的位置區間，長上影線蘊含的空頭訊息較弱，隨著走勢持續，多方力量逐步增強的機率更

77

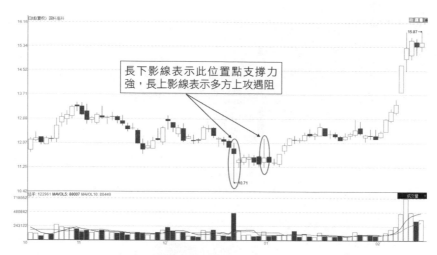

長下影線表示此位置點支撐力
強，長上影線表示多方上攻遇阻

▲ 圖 3-5　國軒高科 2018 年 10 月至 2019 年 2 月走勢圖

大。因此，此時的長上影線非但不是回落訊號，反而預示多方蠢蠢
欲動的市場行為，是股價有望突破這個整理區向上運行的訊號。

　　值得注意的是，以長影線為代表的這些次級運行提示訊號（包
括本章隨後將要講到的訊號），在實際運用時都有一個具體的適用
環境。在不特別說明的情況下，提示次級回落走勢的型態出現在短
期高點，或者提示次級回升走勢的型態出現在短期低點時，才是更
為可靠的折返訊號。

3.2.3　十字星為多空力量均衡的訊號

　　十字星是帶上下影線、幾乎沒有矩形實體的單根 K 線，上下
影線的長度接近，且當日的盤中振幅一般不小於 5%。十字星可以
看作是多空力量趨於均衡的訊號，當其出現在一波上漲後的高點
時，此時的多空格局由原來的多方力量佔優勢轉為多空均衡，提示

價格走勢有調整的需要；當其出現在一波下跌後的低點時，則提示價格走勢有反彈的需要。

圖 3-6 為貴航股份 2019 年 3 月至 5 月走勢圖，此股在價格持續上漲後的高點出現十字星型態，提示中短期內或將有回落走勢出現，持股者宜減倉以規避風險。

圖 3-7 為遊族網路 2019 年 1 月至 4 月走勢圖，圖中標注了兩個十字星型態。其中一個十字星型態出現在橫向窄幅整理走勢中，這個十字星並不是短線調整的訊號，其實戰意義不突出；第二個十字星則出現在短線大幅回落之後的低點，這個十字星就是提示短期內，價格走勢有反彈需要的訊號。

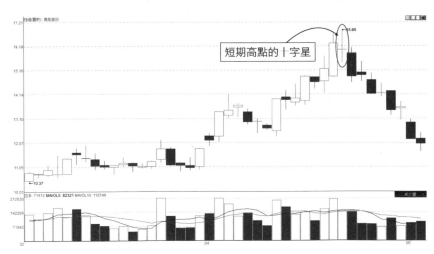

▲ 圖 3-6　貴航股份 2019 年 3 月至 5 月走勢圖

3.2.4　寬振線是次級回落走勢的訊號

寬振線是一種帶有長上影線或長下影線，且有矩形實體的單根

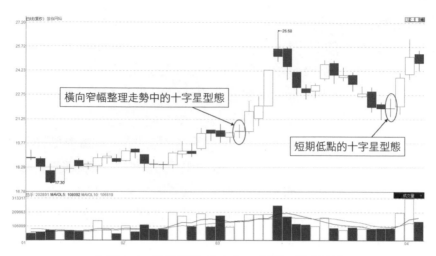

橫向窄幅整理走勢中的十字星型態

短期低點的十字星型態

▲ 圖 3-7　遊族網路 2019 年 1 月至 4 月走勢圖

K 線。當日盤中振幅至少超過 10%。這種型態，無論出現在短線高點，還是橫向的整理平台區域，一般來說，都代表中短期將出現深幅調整，是次級回落走勢將出現的訊號。當日的盤中振幅越大，所預示的次級回落走勢訊號越明確。

　　圖 3-8 為莫高股份 2019 年 2 月至 5 月走勢圖，此股在價格一波上衝後的高點出現寬振線的型態，表現為長長的下影線和矩形實體，表示當日的盤中振幅極大，這是多空分歧十分明顯、此股短線賣壓沉重的訊號。一般來說，寬振線出現當日，會有成交量的大幅放出，這正是市場賣壓沉重的標誌，也預示個股價格將出現次級回落走勢，是提示中短期內宜賣股離場的訊號。

　　圖 3-9 為博深工具 2018 年 10 月至 2019 年 1 月走勢圖，此股在橫向的窄幅整理走勢中，出現寬振線型態。雖然整體運行似乎處於升勢，但鮮明的寬振線提示我們短期內難拾升勢，隨後向下跌破窄幅平台區的機率較大，持股者宜減倉或清倉以控制風險。

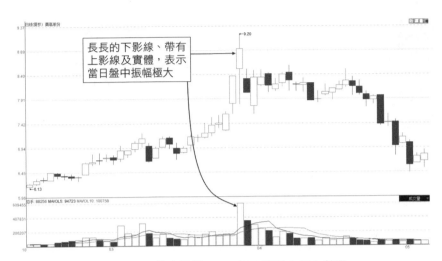

長長的下影線、帶有上影線及實體，表示當日盤中振幅極大

▲ 圖 3-8　莫高股份 2019 年 2 月至 5 月走勢圖

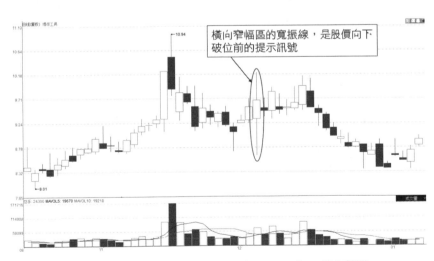

橫向窄幅區的寬振線，是股價向下破位前的提示訊號

▲ 圖 3-9　博深工具 2018 年 10 月至 2019 年 1 月走勢圖

3.3 組合 K 線的次級轉向訊號

組合 K 線由至少兩根 K 線組合而成，有鮮明的型態特徵。當其出現在特定的位置點時，如短線高點或短線低點，或者是盤整區的突破位置點，往往能夠準確地提示次級折返走勢的出現。本節我們就來看看這些組合 K 線型態。

3.3.1 抱線轉向訊號

抱線由兩根 K 線組合而成，這兩根 K 線是「前短後長」的組合方式。前面短 K 線的最高價，低於後面長 K 線的最高價；短 K 線的最低價，則高於長 K 線的最低價，這使後面的長 K 線猶如「抱住」了前面的短 K 線一樣。

抱線組合可以分為以下兩種：

- 前為短陽線後為長黑線，被稱為看跌抱線，當其出現在短期高點時，提示價格走勢或將轉向向下。
- 前為短陰線後為長陽線，被稱為看漲抱線，當其出現在短期低點時，提示價格走勢或將轉向向上。

　　抱線是一種多空力量轉變較迅急的訊號，宜在其出現後的第一時間展開操作，特別是對於型態特徵十分鮮明的抱線組合。

　　圖 3-10 為華海藥業 2018 年 2 月至 4 月走勢圖，在此股在價格震盪回落的低點，出現看漲抱線組合。結合整體的上升趨勢型態特徵來看，這是短期內整理結束的訊號，股價有望重拾升勢。

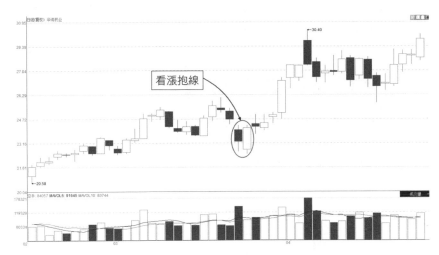

▲ 圖 3-10　華海藥業 2018 年 2 月至 4 月走勢圖

　　圖 3-11 為金螳螂 2019 年 1 月至 5 月走勢圖，此股在價格持續上揚後的中短期高點，出現看跌抱線組合。結合股價前期的巨大累計漲幅及短期上漲節奏來看，這是中短期頂部將出現的訊號。

3.3.2　孕線轉向訊號

　　孕線由兩根 K 線組合而成，這兩根 K 線是「前長後短」的組合方式。前面長 K 線的最高價，高於後面短 K 線的最高價；前面

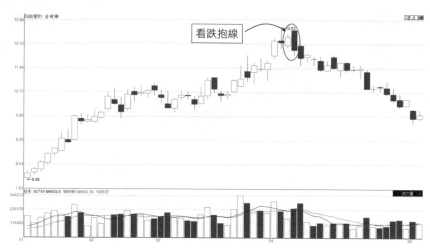

看跌抱線

▲ 圖 3-11　金螳螂 2019 年 1 月至 5 月走勢圖

長 K 線的最低價，則低於後面短 K 線的最低價，這使後面的短 K 線猶如「孕」於前面的長 K 線之中。

　　孕線組合可以分為以下兩種：

- 前為長陽線後為短陰線，被稱為陰孕線，當其出現在短期高點時，提示價格走勢或將轉向向下。
- 前為長陰線後為短陽線，被稱為陽孕線，當其出現在短期低點時，提示價格走勢或將轉向向上。

　　圖 3-12 為蘇州固得 2018 年 12 月至 2019 年 3 月走勢圖，在股價一波深幅回落的低點出現陽孕線組合。這是多方力量增強的訊號，預示股價短期回落見底，也是股價上升途中的逢低入場訊號。

　　圖 3-13 為宏達礦業 2019 年 2 月至 5 月走勢圖，此股在價格短線一波快速上揚後的高點，出現陰孕線的組合。這是空方力量明顯

增強的訊號，預示短線見頂，是次級回落走勢將展開的訊號，持股者宜賣出。

▲ 圖 3-12　蘇州固得 2018 年 12 月至 2019 年 3 月走勢圖

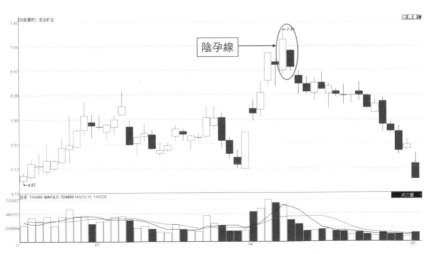

▲ 圖 3-13　宏達礦業 2019 年 2 月至 5 月走勢圖

3.3.3 錯位線轉向訊號

錯位線常出現在較為迅急的短期波動走勢中，也預示價格走勢將急速反轉。錯位線可以分為兩種：向上錯位線和向下錯位線。

向上錯位線為前陰後陽的組合，後面一根大陽線開高走高，收盤價明顯高於上一交易的日開盤價，形成一種「向上錯位」效果。當它出現短線急速下跌且跌幅較大情形時，常會引發股價的急速反彈，是短線抄底訊號之一。

向下錯位線為前陽後陰的組合，後面一根大陰線開低走低，收盤價明顯低於上一交易日的開盤價，形成一種「向下錯位」效果。當它出現短線急速上漲情形時，往往預示價格走勢或將快速地轉而向下，持股者宜第一時間賣出，鎖定利潤。

圖 3-14 為保變電氣 2018 年 8 月至 2019 年 3 月走勢圖，此股在出現價格向下跳空的缺口後，股價短期內的跌幅極大。此時出現向上錯位線的雙日組合型態是一個提示訊號，對於參與博取反彈行情的投資人來說，可以作為短線抄底的一個參考。

圖 3-15 為豫光金鉛 2019 年 1 月至 3 月走勢圖，此股在價格中短線漲幅較大的背景下，出現向下錯位線的組合，這表示空方力量突然大幅度增強。結合股價的位置區間來看，它不僅是次級折返走勢出現的訊號，也提示中期頂部的出現，對於持股者來說宜賣出。

▲ 圖 3-14　保變電氣 2018 年 8 月至 2019 年 3 月走勢圖

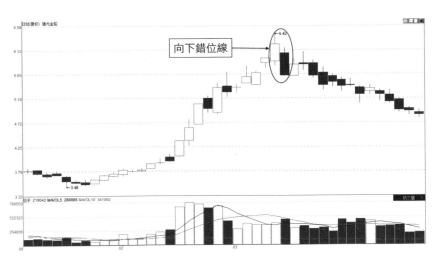

▲ 圖 3-15　豫光金鉛 2019 年 1 月至 3 月走勢圖

3.3.4 補缺線轉向訊號

補缺線是一種雙日組合型態，它有兩種表現型態。當其出現在短線低點時，是前陰線、後陽線的組合，且後面的陽線為開低走高型，收盤價嵌入陰線的實體內部，我們可以稱之為插入線，是股價短線回升訊號。

當其出現在短線高點時，是前陽線、後陰線的組合，且後面陰線為開高走低型，收盤價嵌入陽線的實體內部，我們可以稱之為烏雲蓋頂，是股價短線回落訊號。

圖 3-16 為江西長運 2018 年 9 月至 11 月走勢圖，此股在價格短期深幅下跌後的低點，出現插入線的雙日組合。它預示隨後或將有一波股價的折返回升走勢出現，是短線入場訊號之一。

▲ 圖 3-16　江西長運 2018 年 9 月至 11 月走勢圖

　　圖 3-17 為棲霞建設 2019 年 2 月至 4 月走勢圖，此股在盤整突破位置點，出現烏雲蓋頂的雙日組合。這提示我們：股價突破時遇到較強壓力，且空方佔據優勢局面，是盤整突破或將折返回落的訊號。

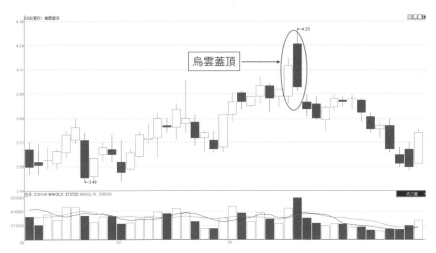

▲ 圖 3-17　棲霞建設 2019 年 2 月至 4 月走勢圖

3.3.5　並線轉向訊號

　　並線由兩根 K 線組合而成，具體可分為並陰線、並陽線。

　　並陰線由兩根陰線組合而成，後面一根陰線為開高走低型，從型態上來看，兩根陰線呈並排狀。並陰線常見於短線高點，是市場賣壓較重、股價上衝遇阻的訊號，也是次級回落走勢將展開的訊號之一。

　　並陽線由兩根陽線組合而成，後面一根陽線為開低走高型，從型態上來看，兩根陽線呈並排狀。並陽線常見於短線低點，是市場

承接力較強、股價難以破位向下的訊號，也是次級回升走勢將展開的訊號之一。

　　圖 3-18 為萊茵生物 2019 年 3 月至 5 月走勢圖，此股在價格的一波快速、深幅下跌後，出現並陽線的組合，這表示空方賣盤遇到強有力的承接。結合股價短期內的巨大跌幅來看，在技術面有折返回升的型態修正需要，可以作為短線抄底的參考訊號。

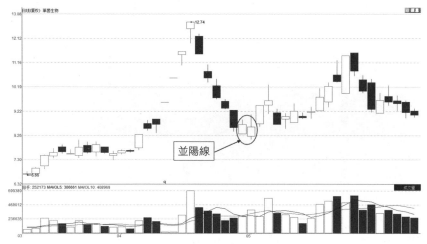

▲ 圖 3-18　萊茵生物 2019 年 3 月至 5 月走勢圖

　　圖 3-19 為遊族網路 2019 年 1 月至 5 月走勢圖，此股兩次出現並陰線，一次是在短線衝高波段，一次是盤整回升波段。兩次的並陰線組合均是多方上攻無力、空方賣壓較強的標誌，也預示次級回落走勢的出現，持股者宜賣出以規避風險。

並陰線

▲ 圖 3-19　遊族網路 2019 年 1 月至 5 月走勢圖

3.4 易於辨識的單日異動量價型態

在預示次級回落走勢的型態中，還有一種十分有效的工具，其型態特徵鮮明、易於辨識，那就是單日異動量價型態，可分為巨量陽線及巨量陰線。此型態往往預示股價短線見頂或盤整後的破位將出現，可以有效指導我們的中短線賣股操作。

3.4.1　巨量下影陰線型態

巨量的下影陰線出現在股價短線上漲後的高點，是獲利賣壓沉重、多方力度不足的標誌。一般來說，如果股價次日不能開高走高收復失地，則隨後出現深幅回落的機率極大。

圖 3-20 為長榮股份 2019 年 1 月至 3 月走勢圖，此股在價格短期連續漲停後，出現巨量下影陰線型態，這是中短期見頂的訊號，但也有一些股價短期飆升的個股，是以這種方式快速整理的。辨識整理型與出貨型巨量下影陰線的關鍵，是看次日的開盤。

如果個股價格次日能夠開高走高、收復失地，則短期內仍有進一步上漲空間；反之則應及時賣出，因為它預示短期內股價或將深幅回落。對於本例來說，股價次日的跳空低開就表示，巨量下影陰

線是中短期見頂回落的訊號，持股者應及時賣出。

　　實盤中，為了規避此型態下可能觸發的短期快速回落風險，在巨量下影陰線當日收盤前，持股者可以減倉、鎖定利潤。若次日盤中走勢不理想，則宜清倉。

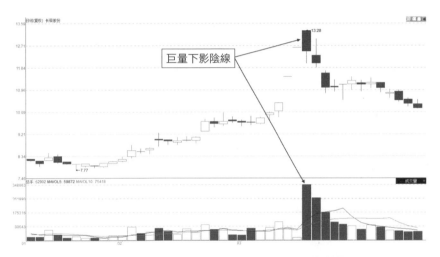

▲ 圖 3-20　長榮股份 2019 年 1 月至 3 月走勢圖

3.4.2　巨量上影陰線型態

　　巨量上影陰線代表空方的盤中拋售力度強，且多方無力承接，是多空力量急速轉變的標誌。當它出現在短期高點時，是次級折返走勢將出現的訊號。與巨量下影陰線不同的是，極少有價格短線飆升的個股，是以這種型態整理的。

　　因此如果發現當日個股價格在盤中衝高後節節向下，多方承接力度極弱，型態上有收於巨量上影陰線的傾向時，可於當日盤中第一時間賣出。

　　圖 3-21 為清源股份 2018 年 12 月至 2019 年 1 月走勢圖，此股在價格短線急速上漲中，突然收出一個巨量上影陰線型態。這是價格走勢急速反轉的訊號，持股者宜賣股離場。

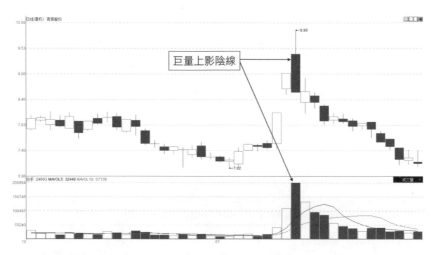

▲ 圖 3-21　　清源股份 2018 年 12 月至 2019 年 1 月走勢圖

3.4.3　巨量破位陰線型態

　　在橫向的震盪整理過程中，如果出現實體較長、量能明顯放大的陰線型態，整理走勢有向下破位傾向時，則股價隨後會加速下跌，是盤整走勢將被快速打破的訊號。

　　圖 3-22 為森源電氣 2019 年 1 月至 3 月走勢圖，在盤整突破位置點，股價連續多日橫向震盪，期間陰線與陽線交替出現，股價重心橫向移動。

　　但隨後一個巨量長黑線出現，此時的股價走勢雖未呈破位狀態，巨量陰線卻是一個明確的訊號。操作中，持股者在當日收盤

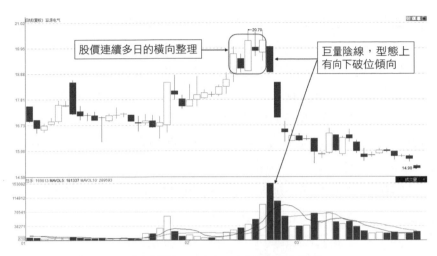

股價連續多日的橫向整理

巨量陰線，型態上有向下破位傾向

▲ 圖 3-22　森源電氣 2019 年 1 月至 3 月走勢圖

前，就宜賣出以規避風險。因為整理區的巨量陰線出現後，此股價格次日大幅低開破位的機率較大。

3.4.4　脈衝式放量——短促反彈型

脈衝式放量也被稱為間歇式放量，是成交量在單日（或連續兩日）內突然異常放大的型態，放量效果至少達到之前均量的 3 倍以上，在隨後的交易日中，量能水準又快速恢復如初。

脈衝式放量是量能的明顯異動，它的出現或與主力的參與行為或消息面的刺激有關。無論是哪種情況，這種型態所蘊含的下跌訊號都很強烈，特別是脈衝式放量當日收於陽線的情況。

由於股價正處於短期高點，放量大陽線的型態特徵給人一種股價上漲動力充足的感覺。事實上，脈衝式放量上漲並不是真正意義上的放量上漲型態，因為當日的量能放大幅度過大，且沒有之前量

能不斷放大的過渡環節。

它所蘊含的真正訊息是：當日多空雙方交鋒過於激烈，如果當日收於大陽線，則表示多方力量釋放過度，單日過大的量能是對多方力量的一種快速消耗。在隨後的交易日中，量能大幅度萎縮，這說明短期內的買盤入場力度明顯減弱。此時，價格仍然處於階段性的高位，獲利盤仍有較強的拋售意願，所以易引發次級折返回落走勢。

脈衝式放量上漲型態可以出現在反彈波動、盤整突破點，或是股價短線大漲後的高點，當其出現時，個股價格短期內有較強的回落傾向。以下我們結合案例，來看看這幾種情形下的脈衝式放量上漲型態。

圖 3-23 為九州通 2019 年 3 月至 5 月走勢圖，此股在價格緩慢震盪滑落的走勢格局中，出現連續兩日大漲的反彈走勢。這兩日的成交量是突然放大的，且遠高於之前的均量水準，隨後的第 3 個交

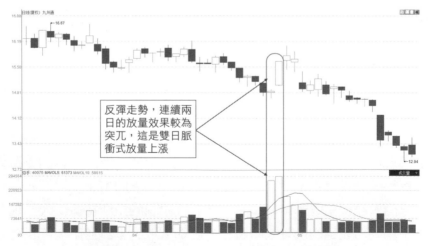

▲ 圖 3-23　九州通 2019 年 3 月至 5 月走勢圖

易日的成交量又突然大幅萎縮。這是雙日脈衝型的放量組合，預示反彈行情將較短促，持股者宜及時逢反彈賣出，規避隨後可能出現的新一輪下跌行情。

3.4.5　脈衝式放量──盤整突破型

圖 3-24 為北京城鄉 2019 年 2 月至 4 月走勢圖，此股價格以向上跳空缺口的方式實現對盤整區的突破，股價當日收於陽線。從型態來看這是脈衝式放量，預示突破行情短線遇阻，投資人此時不宜追漲。

圖 3-25 為寧波中百 2019 年 1 月至 5 月走勢圖，此股價格以連續兩根大陽線突破盤整區，但這兩日的放量效果較為突兀，成交量的前後變化沒有連續性，屬於雙日脈衝式放量。

雖然從型態上來看，股價中線走勢較好又剛剛突破平台區，但

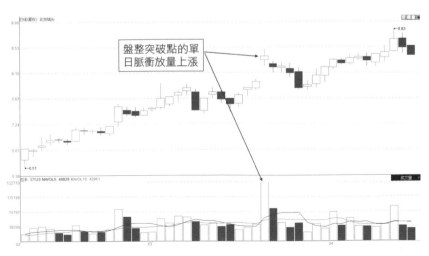

▲ 圖 3-24　北京城鄉 2019 年 2 月至 4 月走勢圖

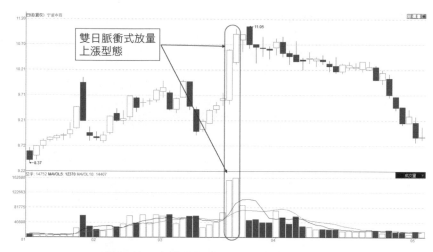

雙日脈衝式放量
上漲型態

▲ 圖 3-25　寧波中百 2019 年 1 月至 5 月走勢圖

脈衝式放量提醒我們，股價或有深幅的中級折返走勢出現。操作中，持股者還是宜減倉或清倉，以控制風險。

3.4.6　脈衝式放量——短期衝高型

圖 3-26 為青海春天 2019 年 2 月至 4 月走勢圖，此股在價格的一波短線衝高走勢中，出現脈衝式放量上漲型態。由於當日的放量效果過於突兀，且短期漲幅較大，我們可以預計這種程度的放量效果難以持續，而短期上升空間也不大。

因此實盤中，持股者宜在當日收盤前賣出此股，以規避短線劇烈波動的風險。

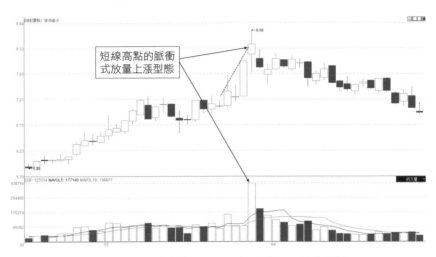

短線高點的脈衝
式放量上漲型態

▲ 圖 3-26 青海春天 2019 年 2 月至 4 月走勢圖

第 4 章

看穿 4 大 K 線賣出訊號，
100% 掌握上漲趨勢股趨勢股

4.1 一次探頂型反轉型態

在道氏理論中，漢密爾頓曾指出：從雙重頂和雙重底中得出的結論，意義不大。但一般投資人往往將雙重頂與雙重底，看作是道氏理論不可分割的一部分。

之所以出現這種分歧，有兩個原因：一是道氏理論並非研究具體的反轉型態，僅指出趨勢轉向時會有反轉訊號出現；二是雙重頂與雙重底的出現頻率較高，因此投資人常將其看作是趨勢轉向時的明確訊號。

可以說，分歧的存在僅僅源於研究問題的角度不同，並不是關於正確結論與謬誤的二分法。依此延伸，除了雙重頂與雙重底之外，一系列的經典反轉型態，成為歷代技術分析者的市場經驗結晶。它們也成為道氏理論在純粹理論體系之外的一個實戰性延伸，本章我們就來看看這些相對經典的趨勢反轉型態。

一次探頂是指個股價格在上升到最高點後，沒有反覆上探最高點的震盪過程，僅在最高點停留一次。一次並不是指一日，它是一個上探波段。一次上探過程可能在最高點停留一兩個交易日，也可能持續多個交易日，這與價格短期波動或急或緩相關。本節我們就來看看幾種較為常見，且預示升勢見頂的一次探頂型態。

4.1.1　尖型築頂型態

尖型築頂是一種相對迅急的升勢轉跌勢的型態，其型態特徵如同一個倒寫的大寫英文字母「V」，也可以稱為倒 V 型反轉。

其形成過程一般會經歷股價急速短期飆升，市場獲利驟然增加，而高點的買盤承接力度又較弱，從而導致大量獲利盤湧出，股價急速轉向下行。形成尖頂型一般需要兩個條件：一是價格短期內漲幅巨大；二是股價在之前的上漲途中，基本上沒有大幅度整理，因此積累了大量的獲利盤。

尖頂型態是一種急速上升、急速下降的股價運動方式，這往往會使短期內的多空分歧明顯加劇，因此上升和下降常伴有較大的成交量。由於轉向速度過快，股價觸頂很可能只需要一個交易日，次日就開始調頭向下。對於投資人來說，很難提前預測尖頂位置點。

實盤中，我們可以結合前面講解過，關於預示次級轉向運動的提示性訊號，如長上影線、寬振線、脈衝式放量等等。再結合個股價格的短線運動方式，就可以更準確掌握尖型築頂出現時機，進而及時賣出離場，以規避風險。

圖 4-1 為方盛製藥 2019 年 3 月至 5 月走勢圖，此股價格在中短期漲幅巨大，這與利多消息驅動有關。但利多消息只是一種預期，過大的短期漲幅必然快速積累大量的獲利盤，我們在圖中標注的尖頂位置點，可以看到一個上影陰線的出現。

前面講過，短線高點的上影線陰線雖然不是趨勢轉向的明確訊號，但卻預示中級折返走勢，結合個股價格短期內的巨大漲幅來看，這是一個共振點。上影陰線既提示中級折返走勢，也提示尖頂的快速構築，持股者宜依據訊號及時賣出。

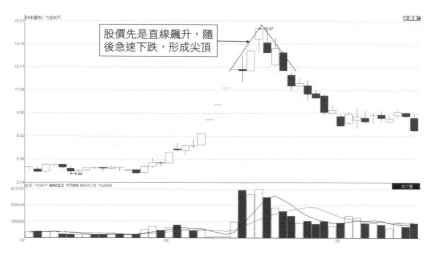

股價先是直線飆升，隨後急速下跌，形成尖頂

▲ 圖 4-1　方盛製藥 2019 年 3 月至 5 月走勢圖

4.1.2　圓弧型築頂型態

　　圓弧頂，形似圓弧、弧面朝上，是一種相對緩和的築頂型態，它清晰地呈現多空雙方力量此消彼長的全過程。在圓弧頂的整個運動過程中，股價運行型態多是以小陽線、小陰線為主。左側的上漲波段是股價重心緩慢上推，隨後的高點則是股價呈橫向滯漲，右側的下跌波段則是股價重心緩慢下行。

　　圓弧頂型態一般出現在股價中長線累計漲幅較大，但短線漲幅相對有限的位置點。由於短期漲幅不是很大，且升勢型態依舊明朗，因此在築頂過程中，並沒有引發持股者大量離場。但此時的多空力量卻已然發生轉變，從而導致股價重心上移緩慢（多方力量不足）、下降也緩慢（空方力量尚未匯聚），這種市場況最終演變成價格運行軌跡中的圓弧頂型態。

　　圖 4-2 為襄陽軸承 2019 年 2 月至 6 月走勢圖，此股價格在中

長期高點出現近似圓弧型的運行軌跡，這是圓弧頂型態。

　　我們可以畫一條水平支撐線，左側起點為漲速明顯減緩的位置點，右側終點為下降速度開始加快的位置點，它是圓弧頂型態的頸線。一旦股價在右側向下跌破這條頸線，就標誌著圓弧頂型態的構築完畢，隨後下跌趨勢加速的機率大增，這條頸線也是中長線持股者賣股離場的提示訊號。

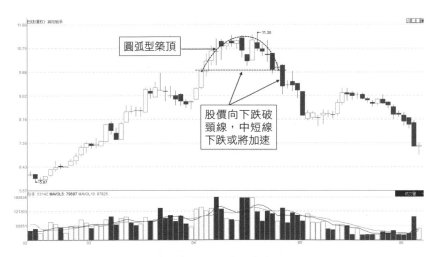

▲ 圖 4-2　襄陽軸承 2019 年 2 月至 6 月走勢圖

4.1.3　半弧型築頂型態

　　半弧型築頂可以看作是圓弧頂型態的一種延伸，股價重心在左側上漲過中，並非是緩慢向上推進的，而是以大陽線直接推升股價。

　　隨後股價在高點出現滯漲與整理，並在右側開始緩慢滑落。從型態上來看，上方的滯漲區和右側的緩慢滑落區，構築了一個半弧

型。這種型態與圓弧頂型態的市場含義相近，當其出現在中長期的高位區時，多預示上升趨勢的見頂。

　　圖 4-3 為信達地產 2019 年 2 月至 5 月走勢圖，此股價格在高位區出現半弧型築頂走勢，我們可以在左側大陽線的中間位置畫出頸線。隨後，當股價在右側向下跌破頸線支撐位時，標誌築頂過程結束，股價的中短期走勢或迎來加速向下，操作中持股者宜賣出，以規避風險。

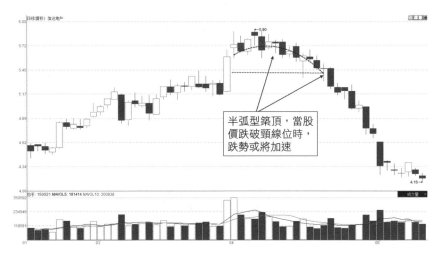

▲ 圖 4-3　信達地產 2019 年 2 月至 5 月走勢圖

4.1.4　頭肩型築頂型態

　　頭肩型築頂是一種出現頻率較高的築頂型態，也是一種十分經典的頂部反轉型態，其型態越開闊，則預示頂部的出現機率越大。

　　如圖 4-4 所示，頭肩頂型態由左肩、頭部、右肩 3 部分組合而成。此時，頸線所在位置充當整個頭肩頂型態的支撐位，頭部的出

現是源於股價持續上漲後多方力量的最後一次集中釋放，而右肩的出現，則因為多方在高位區承接力度不夠。

對於頭肩頂型態來說，我們一般可以結合成交量進行分析，特別是型態寬闊的頭肩頂型態。在最後一波上探（即構築頭部的一波上漲）走勢中，成交量往往會相對縮小（即成交量小於之前主升段時的量能），這是量價背離型態。它的出現說明場外買盤已不是很充足，預示升勢已難以強勢運行下去。

隨後，股價震盪回落並構築右肩的過程，彰顯多空力量對比格局已開始出現轉變。當頸線被跌破時，完整的頭肩頂型態構築完成，如果股價前期累計漲幅較大，則隨後的下跌空間往往也極大。

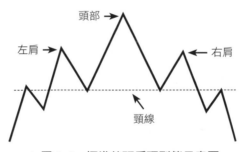

▲ 圖 4-4　標準的頭肩頂型態示意圖

圖 4-5 為深高速 2019 年 2 月至 5 月走勢圖，此股價格走勢在高位震盪中，形成一個近似於頭肩型的築頂型態。對於頭肩頂型態來說，如果頭部創新高的一波上漲走勢幅度較小，未出現量價背離型態，投資人往往很難提前預計頭部的出現。

此時，投資人可以借助於構築右肩過程中，所出現的震盪滯漲做判斷。這時多方推升力量明顯減弱，而空方力量慢慢增強，當股價反彈無力、構築出右肩時是，第 1 賣出時機。當股價向下跌破頸

線，頭肩頂整體型態呈破位之勢時，是第 2 賣出時機。此時雖然處在階段低點，但頭肩頂型態構築完畢，趨勢反轉明確。且此時賣出較能保住牛市利潤，不失為一個順勢而為操作下的折衷賣點。

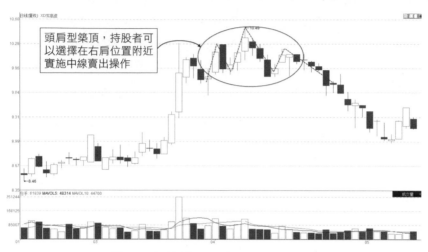

頭肩型築頂，持股者可以選擇在右肩位置附近實施中線賣出操作

▲ 圖 4-5　深高速 2019 年 2 月至 5 月走勢圖

4.1.5　收斂三角形築頂型態

收斂三角形築頂也是一種極為常見的築頂型態，它與上升途中的整理型態有明顯不同：上升途中的整理型態，多呈現出股價重心震盪上行的狀態；而收斂三角型態，則是股價重心水平移動或震盪下行的狀態。

收斂三角形築頂的型態特徵是：個股價格的震盪高點（或是窄幅整理過程的每日高點）呈逐漸下滑狀。此時，我們將這些高點連接，可以得到一條傾斜向下的直線；而震盪（或是窄幅整理）走勢中的低點則逐漸上行（或是呈水平狀），此時將這些低點相連接，

可以得到一條傾斜向上（或是水平）的直線。這兩條直線呈現出收斂、匯聚於一點的特徵，將兩條直線延伸，高位區就出現一個銳角三角形。當股價以大陰線或連續小陰線的方式，向下跌破這個三角型態區域時，收斂型頂部構築完成，也預示跌勢或將加速向下。

　　在收斂三角形的構築過程中，隨著震盪幅度減少，市場交易量也會下降，價格運行方向待選擇。由於價格走勢滯漲及多方推升無力，當三角形出現後，越來越多持股者意識到頂部出現，此時只需要少量的賣盤湧出，就可以輕易打破短暫的多空均衡狀態，從而促使股價重心加速下移。

　　圖 4-6 為國創高新 2019 年 2 月至 5 月走勢圖，此股價格走勢在高位區形成一個收斂三角形。隨後，一根大陰線跌破這個三角形區域，標誌著頂部構築完成。這也是一個相對明確的中線離場訊號，持股者應及時依據此訊號展開操作，規避可能出現的中短線加速下跌風險。

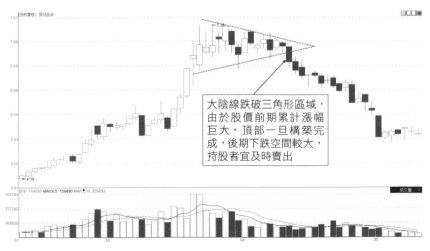

大陰線跌破三角形區域，由於股價前期累計漲幅巨大，頂部一旦構築完成，後期下跌空間較大，持股者宜及時賣出

▲ 圖 4-6　國創高新 2019 年 2 月至 5 月走勢圖

4.2 二三次探頂型反轉型態

　　二三次探頂與一次探頂不同，它是價格走勢至少有兩波上揚、向上探頂的運行方式，兩波上探的最高位置點可以十分接近，也可以略有差距。這種築頂型態強調的是至少出現兩波上探運動，而道氏理論提及的雙重頂，就是一種兩次探頂型態。

4.2.1　M 型築頂型態

　　雙重頂是價格走勢兩次上探，且最高點幾乎相同的築頂型態，由於其運動型態似大寫的英文字母「M」，故也稱為 M 頂。

　　一般來說，雙重頂兩個高點形成的時間間隔超過一個月，如果間隔時間過短，則該型態可能不成立。此時出現類似於 M 型的運動，只宜被看作中短期的震盪，至於是否預示趨勢反轉，更宜結合股價累計漲幅及短線走勢來綜合分析。

　　圖 4-7 為銀鴿投資 2019 年 1 月至 5 月走勢圖，此股價格在持續上漲後的高點出現寬幅震盪，震盪中股價兩次上探最高點，隨即回落，這就構築了雙重頂型態。股價第 2 次上探高點時，可以看到量能的明顯縮減（相較第 1 次上探時），這是多方推升力量不足的

標誌。而且，股價在達到最高點後，接連出現的星字線、上影線，使突破速度放緩，並造成股價下滑。這些都表示多方力量整體減弱，也提前預示雙重頂型態的出現。

　　操作中，不必等到雙重頂構築完成後再採取行動，因為那時已錯失最佳離場時機。我們可以結合技術分析手段，逢高減倉，更有效率地鎖定牛市利潤。

▲ 圖 4-7　銀鴿投資 2019 年 1 月至 5 月走勢圖

4.2.2　三重頂型態

　　三重頂，也稱為 3 次上探築頂，可以將其看作雙重頂的演變，它一般出現在股票市場整體運行較好的背景下。由於有相對強勢的市場運行為背景，個股價格雖然在高位區已出現多方力量的整體減弱，但仍能夠維持震盪格局，並在雙重頂的基礎上出現第三次探頂。

　　但股價 3 次上探高點而無力突破，也彰顯多空力量對比格局很難扭轉。除非市場的牛市特徵十分明確且繼續保持，否則個股在價格 3 次探頂後，將會累積更強的空方力量，並導致股價隨後向下跌破三重頂構築的頂部區域。

　　圖 4-8 為奧拓電子 2019 年 1 月至 5 月走勢圖，此股價格在中期漲幅較大的位置點，出現 3 次上探最高點的震盪格局，股價 3 次上探最高點而無力突破。

　　俗話說「事不過三」，這預示當前的位置區或將成為趨勢轉向的頂部區，而股價走勢隨後出現三重頂型態，並導致趨勢轉向下行的機率也是極大的。操作中，持股者宜逢高賣出，以規避風險。

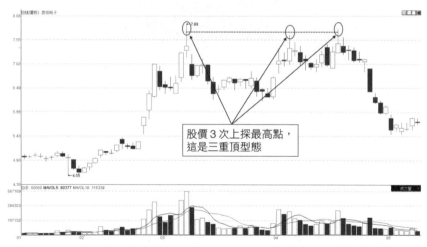

▲ 圖 4-8　奧拓電子 2019 年 1 月至 5 月走勢圖

4.2.3　前浪壓後浪築頂型態

前浪壓後浪築頂，是個股價格在上升途中出現的兩個較大、波浪式的上漲及回落型態。第 2 浪雖然有向上運行的傾向，但高度明顯不及前面一浪，從而形成前浪壓後浪的型態特徵。

這是一種持續時間較長、型態特徵開闊的築頂型態。後一浪高度明顯下降，表示多方力量雖有意推升，但力量明顯不足，寬闊的型態特徵也能夠表現多空力量的對比格局。因此，當其出現在股價中長期上漲後的相對高位區時，它是上升趨勢或將轉向、築頂階段或將形成的提示訊號。

圖 4-9 為海峽股份 2019 年 1 月至 5 月走勢圖，此股價格在運行過程中，出現型態開闊的前浪壓後浪的走勢，後一浪的高度明顯下降，彰顯了多方力量快速減弱。隨著這種多空格局被更多投資人辨識，頂部構築完成、跌勢加速的時間點也越來越近。

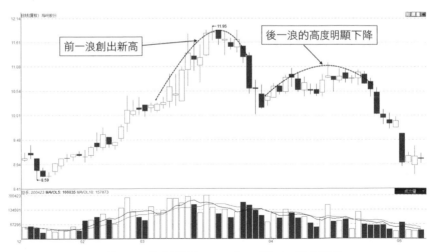

▲ 圖 4-9　海峽股份 2019 年 1 月至 5 月走勢圖

實盤操作中，當股價走勢反彈到第2浪的高點時，一般會有短期內的滯漲走勢，這時就是一個相對明確且持股者能夠逢高賣出的好時機。

4.2.4　後浪新高滯漲築頂型態

後浪新高滯漲築頂，與前面講到的「前浪壓後浪築頂」正好相反。它的後一浪雖然創出了新高，但漲幅較小、與前一浪的浪頂相距較近，我們可以將其看作一種滯漲型態。

由於前一浪的整理較為充分，且持續時間較長，如果多方力量依舊佔據完全主導地位，那麼後一浪的爆發力度應該較大。但實際情況卻並非如此，這表示多方力量雖然當前仍然佔有一定優勢，但優勢不明顯。而隨著後一浪的構築及滯漲走勢出現，多空力量強弱對比格局就會扭轉，頂部也將開始構築。

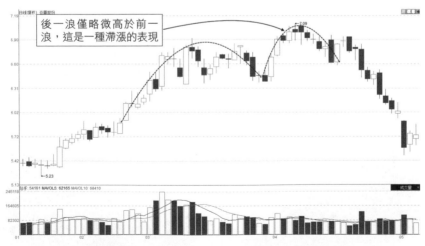

▲ 圖 4-10　亞廈股份 2019 年 1 月至 5 月走勢圖

　　圖 4-10 為亞廈股份 2019 年 1 月至 5 月走勢圖，此股價格在持續上漲過程中，出現後浪新高卻滯漲的型態。後一浪僅是略微高於前一浪，多方推升力量明顯減弱，預示頂部出現。在後一浪的滯漲過程中，持股者宜及時賣出，以規避股價滯漲後的反轉下跌風險。

4.3 一次探底型反轉型態

一次探底是指個股價格在下跌到最低點後，沒有反覆下探最低點的震盪過程，僅在最低點停留一次。一次並不是指一日，它是一個下跌波段。這個下跌波段在最低點停留的時間，可能為一兩個交易日，也可能持續多個交易日，這與價格短期波動或急或緩相關。本節我們就來看看幾種較為常見，且預示跌勢見底的一次探底型態。

4.3.1　V 型築底型態

V 型築底，是一種相對迅急的跌勢轉升勢的型態，其型態特徵如同一個大寫英文字母「V」，也可以稱為 V 型反轉。

V 型築底的形成過程，一般先是股價快速地短線下跌，然後引發強勢反彈，股價連續收於大陽線，並收復快速下跌波段的大部分跌幅。在快速下跌及隨後的快速上漲過程中，一般伴隨量能的相對放大，但量能放大並不是必要條件。

此外，由於股價處於中長期低點，市場較為低迷，從而使量能特徵型態往往不明顯。實盤中，我們主要結合個股價格的前期累計

跌幅，及 V 型反轉時的短線上漲力度，來判斷這種型態是否預示
底部出現。

　　一般來說，如果個股價格在快速下探之前，就已出現較大累計
跌幅，且這種下跌多是源於低迷的市場環境，而非個股有重大利空
消息，則此波再度下跌多會使個股進入中短期超賣狀態。隨後出現
的快速、強勢收復失地，可以看作買盤開始加速入場，多空力量急
速扭轉的一個訊號，也是 V 型反轉預示底部將出現的訊號。

　　圖 4-11 為威創股份 2018 年 12 月至 2019 年 3 月走勢圖，此股
價格在中長期的低位區先是小幅回升，然後出現長時間整理。隨
後繼續破位下行，且短線跌幅巨大。這一波下跌有成交量的溫和放
大支撐，空方力量得到進一步釋放。隨後，股價連續收出三根中陽
線，向上快速收復失地，這就構成一個V型反轉型態。

　　結合此股當前的位置區，以及連續三根中陽線的買盤入場力度
來看，多空力量對比格局出現快速扭轉的機率極大。由於此時的 V

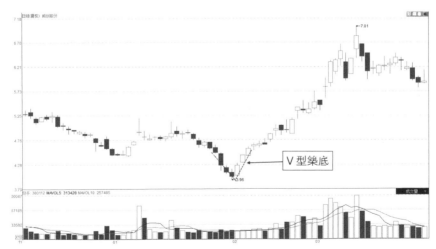

▲ 圖 4-11　威創股份 2018 年 12 月至 2019 年 3 月走勢圖

型反轉剛剛出現，雖然股價在短線有一定漲幅，但回檔幅度一般不會太大。實盤操作中，投資人可以結合股價隨後的運行判斷入場時機。

對此股走勢特點進行分析，在三根中陽線之後，股價又連續三日強勢整理不回落。這表示短期高點的買盤承接力度較強，短期內回檔機率不大，投資人可以適當買入參與。雖然這時買在局部高點，但由於 V 型反轉型態相對明確且強勢，此時的追漲風險也相對較小。

4.3.2　圓弧型築底型態

圓弧底形似圓弧，弧面朝下，是一種相對緩和的築底型態，它清楚呈現多空雙方力量此消彼長的全程。圓弧底型態一般出現在股價中長線累計跌幅較大，但短線跌幅相對有限的位置點。

在圓弧底的整個運動過程中，股價運行型態多是以小陽線、小陰線為主，左側的下跌波段是股價重心在緩慢下移。隨後的低點是股價在橫向止跌，右側的上漲波段則是股價重心在緩慢推升。

圖 4-12 為奧飛娛樂 2018 年 8 月至 12 月走勢圖，此股價格在中長期低點，出現近似圓弧的運行軌跡，此即為圓弧底型態。

我們可以畫一條水平支撐線，左側起點為跌速明顯減緩的位置點，右側終點為上漲速度開始加快的位置點，它是圓弧底型態的頸線。一旦股價在右側向上突破這條頸線，就標誌著圓弧底型態的構築完畢，隨後上升趨勢出現加速的機率大增，這條頸線也是投資人中長線買股佈局的提示訊號。

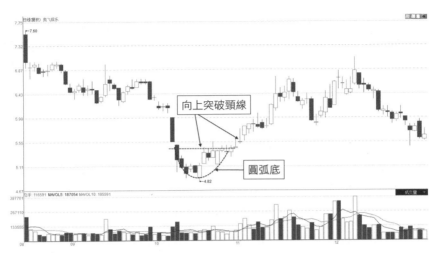

▲ 圖 4-12　奧飛娛樂 2018 年 8 月至 12 月走勢圖

4.3.3　頭肩型築底型態

　　頭肩型築底是一種出現頻率較高的築底型態，也是一種十分經典的底部反轉型態，其型態越開闊，則預示底部出現的機率越大。

　　如圖 4-13 所示，頭肩底型態由左肩、頭部、右肩 3 部分組合而成。此時，頸線所在位置充當整個頭肩底型態的壓力位，頭部的

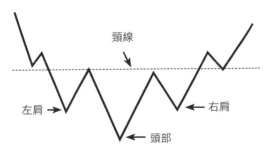

▲ 圖 4-13　標準的頭肩底型態示意圖

出現是源於股價持續下跌後空方力量最後一次集中釋放。而右肩的出現則因為抄底盤入場力度加大，使多方在股價反彈後的短線高點承接力度增強。

當頸線被突破時，完整的頭肩底型態構築完成，如果個股價格前期累計跌幅較大，則隨後的上升空間往往也是極大的。

對於頭肩底型態，我們一般可以結合成交量來分析，在構築右肩的一波漲跌過程中，如果漲時放量、跌時縮量的對比效果越明顯，則頭肩底提示的底部訊號往往越準確。但對於型態不夠開闊的頭肩底型態來說，量能的變化一般並不明顯，此時，投資人更宜結合個股價格的前期累計跌幅，及頭肩底的價格型態特徵來分析。

圖 4-14 為羅萊生活 2018 年 11 月至 2019 年 3 月走勢圖，此股價格走勢在中長期低位區出現頭肩底型態。右肩附近的強勢整理階段，表示短期內多方較強的承接力度，以及空方力量的整體轉弱，此時也是投資人中線買股佈局的時機。

▲ 圖 4-14 羅萊生活 2018 年 11 月至 2019 年 3 月走勢圖

4.4 　二三次探底型反轉型態

　　二三次探底是價格走勢至少有兩波下跌、向下探底的運行方式。兩波下跌的最低位置點可以十分接近，也可以略有差距。這種築底型態強調至少出現兩波下探運動，而道氏理論提及的雙重底，就是一種兩次探底型態。

4.4.1　W 型築底型態

　　雙重底是價格走勢兩次下探，且最低點幾乎相同的築底型態，由於其運動型態似大寫的英文字母「W」，故也被稱為 W 底。

　　一般來說，雙重底兩個低點形成的時間間隔超過一個月。如果時間間隔過短，則該型態可能不成立，此時出現類似於 W 型的運動，只宜看作中短期的震盪。至於是否預示趨勢反轉，更宜結合股價累計跌幅及短線走勢來綜合分析。

　　圖 4-15 為永安藥業 2018 年 12 月至 2019 年 3 月走勢圖，此股價格在持續下跌後的中長期低位區出現橫向震盪，震盪中股價兩次下探最低點，隨即回升，這就構築了雙重底型態。

　　股價第 2 次下探低點後，其回升波段有量能的持續溫和放大型

態出現，這是買盤陸續入場、多方力量開始佔據主動的訊號之一。結合股價當前的低位區特徵，及雙重底提示的趨勢反轉訊號來看，築底成功的機率較大，投資人宜及時買入佈局。

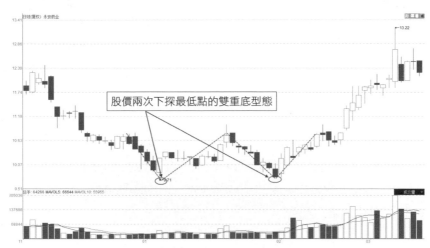

股價兩次下探最低點的雙重底型態

▲ 圖 4-15　永安藥業 2018 年 12 月至 2019 年 3 月走勢圖

4.4.2　三重底型態

三重底也稱為 3 次下探築底，它可以被看作是雙重底的演變，一般出現在股票市場整體呈相對弱勢，但同期並沒有大幅下跌的背景下。由於個股的買盤承接力度相對較強，從而規避市場的震盪下跌，每一次股價回落到最低點附近時，都會引發抄底盤入場，進而在這個位置點形成較強的支撐。

3 次探底型態出現後，若同期的股票市場能夠擺脫震盪下跌的格局，則個股價格隨後步入上升通道的機率極大，對於投資人來說可以適當買入佈局。

　　圖 4-16 為華天酒店 2018 年 7 月至 2019 年 2 月走勢圖，此股價格在中長期低位區，出現長時間的橫向震盪，上下震盪幅度較大。雖然股價反彈高點一浪低於一浪，但每一次達到最低點時都能夠獲得強支撐，並最終形成三重底型態。

　　這表示多方在這一低點的承接力度較強，只待大盤走勢回暖，股價便有望步入上升通道。結合同期的市場環境來看，大盤已處於低位，市場回暖機率增大。因此股價 3 次探底時，是投資人較好的逢低佈局時機。

▲ 圖 4-16　華天酒店 2018 年 7 月至 2019 年 2 月走勢圖

4.4.3 低點上移型圓弧築底型態

　　低點上移圓弧築底，是指個股價格在低位區的一波漲跌回落走勢中，呈弧面朝上的圓弧形，但右側回落的低點要相應高於左側的起漲點。我們將左右兩個低點相連接，可以得到一條傾斜向上的直線。

　　這是一種弧形的反彈型態，在股價下跌途中反彈波段也會偶爾出現。區分底部反轉與跌途反彈有兩個要點，一是結合股價的累計跌幅，如果跌勢剛剛形成、僅經歷一波深幅下跌，則此時出現的圓弧形運動多是反彈訊號；二是結合弧形右側低點的局部走勢，當股價回落至右側低點時。如果能出現連續三根小陽線的組合，則表示築底的機率更大。因為如果這僅是一次反彈，考慮到右側下跌波段的幅度並不大，若空方力量仍整體佔優勢，則很難出現這種連續三日收於小陽線的組合。

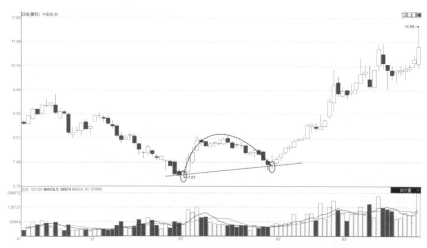

▲ 圖 4-17　中航電測 2018 年 7 月至 2019 年 3 月走勢圖

　　圖 4-17 為中航電測 2018 年 7 月至 2019 年 3 月走勢圖，此股價格在中長期的低位區，出現低點上移的圓弧形運行型態，且在右側回落的低點出現連續 3 日收於小陽線的組合。綜合來看，這是多方力量整體轉強的反轉型態，而不是跌途中的一次反彈，投資人可適當買股佈局。

4.4.4　小浪隨大浪止跌型態

　　小浪隨大浪止跌，是指股價在低位先出現一波幅度較大的漲跌走勢，形成一個大波浪。隨後股價再度反彈，但反彈力度較小並再次回落，形成一個小波浪，小波浪的低點不低於大波浪的低點。

　　第一個大波浪型顯示出買盤入場的力度，但由於空方力量依舊較強，從而造成較大的波動幅度，但這個過程也積蓄了多方力量，並消耗空方力量。

　　隨後的小波浪雖然幅度較小，但在回落時的低點沒有破位，即沒有跌破大波浪的回檔低點，表示此低點仍然有強力支撐。大波浪構築過程中，入場的買盤仍具有支撐作用，也為隨後的趨勢轉向上行做好鋪墊。

　　圖 4-18 為張家界 2018 年 6 月至 2019 年 3 月走勢圖，股價在中長期低位區，出現這種小浪隨大浪止跌的組合型態，小浪的低點未跌破大浪低點。這是判斷小浪隨大浪止跌型態成立的重要條件，小浪回檔後的低點也是投資人逢低佈局的時機。

▲ 圖 4-18　張家界 2018 年 6 月至 2019 年 3 月走勢圖

第 5 章

活用 4 大技術分析精髓，
散戶高獲利的祕密武器

5.1 學會箱型理論，就不會錯過高點 & 低點

　　道氏理是技術分析的基礎，在此基礎上，很多技術理論鋪展開來，有的側重於實盤交易，有的側重於闡述規律，從不同的視角論述股票交易之道。

　　這其中不乏一些思想深刻、影響深遠的經典理論，它們與道氏理論一起構築了相對完善的技術分析理論體系。本章結合這些經典理論的實盤運用方法，來看看它們蘊含了哪些技術思想。

　　箱型理論是由達韋斯・尼古拉（Darvas Nicola）創造的。尼古拉可以說是證券市場的傳奇人物，在 20 世紀 50 年代初期，他用最初入市的 3 千美元從事股票投資交易，僅 3 年就淨賺 2 百萬美元，《時代》雜誌還對他做特別報導。之後他把自己的交易模式、經驗及交易過程編寫成書，短短 8 週就銷售近 20 萬冊，而書中提到的核心思想，就是箱型運動模式。

5.1.1　箱型理論的核心是順勢交易

　　尼古拉剛入市的交易並非一帆風順，在經歷多次挫折後，他敏銳地意識到一種新的交易模式，那就是箱型交易模式，這一理論最

初出現在他本人所著的《我如何在股市賺了 2 百萬》。

很多投資人看到「箱型」這個詞，就會自然而然地聯想到低買高賣的波段操作。但「箱頂賣、箱底買」並非箱型理論的內容，它只宜被看作是此理論結合具體市場波動時的一種演變，其核心是一種順勢交易的思想，並不是低買高賣的波段操作。

箱型理論認為，價格走勢是以一個個箱體呈現出來的。箱體就是價格波動的一定範圍，它有上沿和下沿，上沿具有阻擋作用，下沿具有支撐作用。當價格走勢在箱體內部波動時，這是趨勢不明的訊號，此時投資人不宜操作；當價格走勢突破箱體上沿時，預示一波升勢的展開，隨後的價格走勢將進入位置更高的箱體中，原箱體的上沿由原來的壓力作用轉變成為支撐作用。

反之，當價格走勢跌破箱體下沿時，預示一波跌勢的展開，隨後的價格走勢將進入位置更低的箱體中，原箱體下沿的支撐作用轉變為壓力作用。

以上所述即為箱型理論的主要內容，雖然很簡單，但卻十分有效，而且它是以道氏理論的趨勢思想為指導的。價格走勢突破上沿位置進入更高的箱體中，標誌著上升趨勢展開，而原箱體內的波動，則是趨勢不明朗的表現；反之，價格走勢跌破下沿位置進入更低的箱體中，標誌著下跌趨勢展開，而原箱體內的波動，同樣是趨勢不明朗的表現。

5.1.2　箱型運動的兩種交易方法

依據箱型理論的內容，很明顯投資人應該按照「箱頂買入，隨後在更高的箱頂賣出」的原則來操作，是以突破的模式來實現的。這是箱型運動的第 1 種交易方法，也是一種十分實用的交易方法。

因為對於市場來說，箱體區被突破，預示著多方力量開始上攻且佔據主動；對於個股來說，能夠實現箱體突破的個股，多屬於強勢股，這類個股的中短期漲勢往往更為淩厲。

可以說，箱型理論也是一種選擇強勢股的交易模式，基於股票市場「強者恆強」的運行格局，這種交易方法對於技術分析能力較強的投資人來說，確實是十分有效的。

但在實盤操作中，我們還應關注箱體區的震盪幅度。因為從短線波動的角度來看，如果箱體幅度過大，則當個股價格達到箱頂（或箱底）時，短期內的多方（或空方）力量也將出現較大的消耗。此時若再實施頂買（或底賣）的順勢操作，很有可能面臨中級折返走勢出現的風險，因此投資人更適合實施低買高賣的波段操作，這是箱型運動的第 2 種交易的方法。

一般來說，如果箱體區的波動幅度較大，我們就可以結合箱體特徵展開「頂賣底買」的波段操作。而且還應結合價格所處的中長期位置點，以及反覆震盪次數來綜合分析。

如果在高位區，反覆震盪的次數越多，則價格再度下跌至箱體下沿時的破位機率越大，此時就不宜展開「箱體底買入」的操作了。反之，如果在低位區，反覆震盪的次數越多，則價格再度上漲至箱體上沿時的突破機率越大，此時就不宜展開「箱體頂賣出」的操作了。

5.1.3　低位箱型平台的突破

在中長期的低位區出現橫向震盪箱體運行格局，若隨後出現價格向上突破，則價格走勢進入更高箱體的機率極大，此時投資人可以在箱體被突破後積極地買入佈局。

　　圖 5-1 為和而泰 2018 年 8 月至 2019 年 3 月走勢圖，此股價格在向上突破低位區箱體區間後，連續數日站於箱體上沿之上，這是價格走勢進入更高箱體的訊號，原箱體的上沿位置點就由壓力作用轉變為支撐作用。此時，投資人宜順應升勢的發展，積極買入佈局，分享牛市果實。

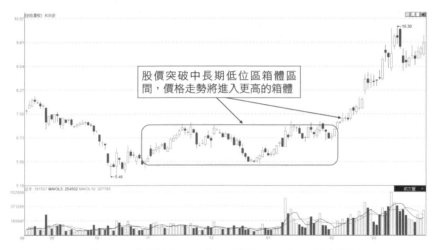

▲ 圖 5-1　和而泰 2018 年 8 月至 2019 年 3 月走勢圖

5.1.4　跌勢整理區箱體特徵

　　在箱型運動格局中，投資人要實施前述的第一種順勢交易方法，還是第二種波段操作的方法，需要自身對整體趨勢運行有清晰的判斷。

　　對於原有趨勢運行途中，代表整理震盪的箱型運動，投資人應嚴格依據箱型理論所提出的順勢交易方法操作，才能把握住牛市機會，規避熊市風險。下面我們就結合價格波動的特徵，來看看如何

判斷這種「途中整理」性質的箱型運動。

　　圖 5-2 為遠東傳動 2017 年 9 月至 2018 年 2 月走勢圖，在股價下跌後的低點，價格走勢呈橫向震盪，股價重心完全橫向移動，構築了一個水平箱體。這種上下波動幅度較小、股價重心水平移動的箱體，一般來說，代表多空力量對比格局並未發生轉變。此箱體構築完成後，股價破位向下的機率更大，投資人應嚴格實施順勢交易的操作方法。

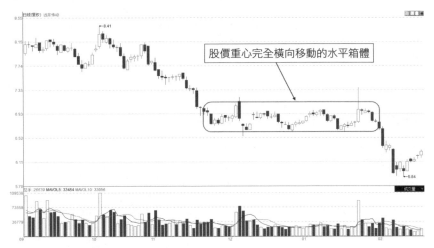

▲ 圖 5-2　遠東傳動 2017 年 9 月至 2018 年 2 月走勢圖

　　圖 5-3 為多氟多 2017 年 11 月至 2018 年 8 月走勢圖，在股價下跌後的低位區，反彈力度一波弱於一波。雖然股價每次回落時都在相同位置區獲得強支撐，但這並不表示多方力量轉強。而這種「股價反彈一波低於一波」的箱型運動型態，也多預示跌勢仍未見底。操作中，投資人不宜在箱體低點實施「底買」操作。

▲ 圖 5-3　多氟多 2017 年 11 月至 2018 年 8 月走勢圖

5.1.5　升勢整理區箱體特徵

在箱體波動過程中，如果股價重心有緩慢上移的傾向，股價震盪幅度相對較小，且波動中的收盤價呈上移狀態，則表示多方力量依舊整體佔優勢，個股價格在箱體震盪結束後，有望突破上行。

圖 5-4 為高德紅外 2018 年 9 月至 2019 年 4 月走勢圖，此股處於整體上揚走勢格局，在幅度相對較小的橫向震盪過程中，我們可以看到股價重心呈緩慢上移，這是多方力量依舊佔據主動的標誌。隨後，當價格走勢向上突破壓力位時，預示新一輪上漲走勢將展開，投資人可以積極實施箱型理論，展開「箱頂」買入操作。

價格波動中的高點逐步上移，股價重心整體緩慢上行

▲ 圖 5-4　高德紅外 2018 年 9 月至 2019 年 4 月走勢圖

5.1.6　結合折返訊號的箱型操作

也有一些橫向的箱型運動出現在中長期的低位區間，或是中長期的高位區間。此種箱體運行時間較長，打破原有的趨勢運行節奏，而且箱體的構築型態，並沒有展現明顯的多方佔優勢或空方佔優勢。

這個時候，我們更應關注箱頂、箱底是否出現明確的中級折返訊號，這些折返訊號既可以是單日、雙日 K 線，也可以是特定的量價型態。當這些型態特徵明顯的折返訊號出現時，更適合展開低買高賣的波段操作，而不是「頂買底賣」的趨勢操作。

圖 5-5 為嘉欣絲綢 2017 年 9 月至 2018 年 6 月走勢圖，此股價格走勢在累計跌幅較大的位置區，出現長時間橫向震盪，期間的上下波動幅度不大，股價重心沒有明顯的上移或下移。這種震盪型態，既可能預示跌勢趨勢末期的止跌，也可能是跌勢中的一次階段

整理。此時投資人可以結合箱頂及箱底位置點，看看是否有明確的折返訊號出現。

　　圖 5-5 標注的兩個交易日，均在箱頂位置點出現折返訊號，第 1 個是我們在 3.2.4 中講到的「寬振線轉向訊號」，第 2 個是在 3.2.1 中講到的「影線轉向訊號」，兩個折返訊號的型態特徵皆十分明顯。雖然在這兩個交易日內，股價均突破箱體區上沿位置點，但由於折返訊號出現，表示這種突破很難持續，股價再度折返回落至箱體區的機率更大。持股者此時應逢高賣出，而不是追漲買入。

▲ 圖 5-5　嘉欣絲綢 2017 年 9 月至 2018 年 6 月走勢圖

5.1.7 注意箱型平台的反覆性

箱型理論指出：當個股的價格走勢突破原有箱體後，會進入一個更高的箱體中運行。一般來說，後一個箱體應明顯高於前一個箱體，後一個箱體的下沿位置點也應高於前一個箱體的上沿。之所以有這樣的要求，是因為對於上升趨勢來說，這種運動格局展現出多方力量較強的推動力。

如果在個股價格的實際運行中，後一箱體的下沿低於前一箱體的上沿，代表箱型平台在相近的位置區反覆出現，是多方力量優勢不明的標誌。如果此時的股價又正處於中長期的高點，則多預示頂部的出現。

對於下跌趨勢來說，也有類似的情形。如果後一箱體的上沿高於前一箱體的下沿，且價格位於中長期的低位區，則表示空方力量的優勢不明顯，跌勢很可能已進入尾聲，投資人可以逢箱體區震盪回檔時買股佈局。

圖 5-6 為四維圖新 2018 年 12 月至 2019 年 5 月走勢圖，在股價持續上漲後的高位區，如圖中標注所示，後一箱體僅略高於前一箱體。投資人此時更應留意趨勢的反轉，即股價回落至箱體下沿位置點時，出現破位的機率較大。操作中，我們可以提前預判，在箱體區的上沿附近提前賣出離場，規避相近兩個箱體所表示的多方力量不足，而導致的趨勢反轉風險。

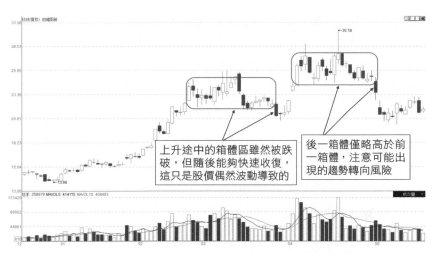

上升途中的箱體區雖然被跌破，但隨後能夠快速收復，這只是股價偶然波動導致的

後一箱體僅略高於前一箱體，注意可能出現的趨勢轉向風險

▲ 圖 5-6　四維圖新 2018 年 12 月至 2019 年 5 月走勢圖

5.2 神奇又準確的黃金分割率

　　黃金分割率是一個充滿神秘色彩的數字，自然界中的種種事物都與之有聯繫。它並非是在證券市場中被發明創造出來的，證券市場僅是借助了這一數字展開研究，由此產生黃金分割率理論。

5.2.1　什麼是黃金分割率？

　　著名的數學家法布蘭斯，在 13 世紀曾列出一些奇異數位的排序組合，它們依次為：1、1、2、3、5、8、13、21、34、55、89、144、233……。這一系列數字從第 3 個開始，每一個數都是前兩個數之和，例如：2＝1＋1，3＝2＋1，……，34＝21＋13，……，依次類推。且這個數列中，任何兩個相鄰數的前後比值是相同的，例如：55/89=0.618，89/144＝0.618，144/233＝0.618。

　　這個數值就是黃金分割率，但當時並沒有人發現這個數值的魅力。隨著對事物的深入研究，人們才發現與此相關的「巧合」太多了，也漸漸地使這個數值趨於神秘化，很多人將其當作未解之謎。

　　0.618 這個數值比例，在繪畫、雕塑、音樂、建築等藝術領域，及管理、工程設計等方面，都有不可忽視的作用。例如：古希臘派

特農神廟是舉世聞名的完美建築，它的高和寬的比是 0.618；五角星（Pentagram）非常美麗，我們在五角星中可以找到的所有線段，其之間的長度關係，都符合黃金分割比；正五邊形對角線連滿後出現的所有三角形，都是黃金分割三角形。

人們在很多自然事物中，都驚異地發現 0.618 這個數值的影子，因此把 0.618 及其倒數 1.618 稱為黃金分割率（Golden Section）。

證券分析師將黃金分割率引入股市後，發現有較高的準確率，由此就形成股市黃金分割理論。黃金分割理論的應用方法很簡單，即當價格走勢運行到黃金分割率的位置時，會受到較明顯的反向牽引力。例如：在上漲走勢中，以這一波上漲走勢啟動點為基數，當股價漲幅達到某一黃金比率時，其遇到壓力而回檔的機率較大；反之，在下跌走勢中，以這一波下跌走勢開始點為基數，當股價跌幅達到某一黃金比率時，其遇到支撐而反彈的機率較大。

在黃金分割率數值的基礎上，以下兩組數字也是值得關注的：

（1）0.191、0.382、0.5、0.618、0.809

（2）1、1.382、1.5、1.618、2、2.382、2.618

這些數值中的 0.5、1、2 是具有整數倍數關係的重要點位；其餘的數值則與黃金分割率密切相關。例如：0.191 為 0.382 的 1/2，0.809 為 0.191 與 0.618 之和；1.382、1.618、2.382、2.618 則為倍數關係上的黃金分割率數值。

5.2.2　運用黃金分割率判斷走勢

由於基於黃金分割率得出的參考值較多，既有經典的 0.382、0.618，也有前面列出的 0.191、1、1.382、1.5 等數值。因此在實盤分析中，還應結合其他的反轉訊號，來綜合評估價格走勢轉向點。

　　圖 5-7 為康盛股份 2019 年 1 月至 5 月走勢圖，此股價格從低位區開始啟動，之後持續上漲，期間沒有明顯的回檔，這一波上漲的低點啟動價位是 3.13 元。股價在隨後的持續上行中，並沒有明確的調整訊號，直到股價上漲至 7.29 元的位置，才出現一個長上影陽線的單日 K 線型態。這個位置點的漲幅可計算如下：（7.24－3.13）／3.13＝1.329。此漲幅接近黃金分割率中的重要數值 1.382，隨後，價格走勢便折返向下。

　　我們在應用黃金分割率時，困難之處在於其重要的數值點較多，但並不是每一個數值點都會使股價出現折返走勢。折返走勢的出現，還與大盤震盪、個股消息面等因素有關。

　　在實盤操作中，我們既要關注這些重要的數值點，也要留意折返訊號，當兩者相互驗證時，價格走勢轉向的機率才更大。此時採取相應的買賣操作，才能有更高的勝算。

▲ 圖 5-7　康盛股份 2019 年 1 月至 5 月走勢圖

5.3　亞當理論——
順應而為才能在市場上生存

美國證券分析師威爾德（J. W. Wilder）曾經創造多種技術指標類分析工具，包括強弱指數 RSI、PAR、動力指標 MOM、搖擺指數、拋物線等，但是後來這些技術指標類分析工具，又被他自己所推翻。

經過多年經驗積累以及證券市場的深刻認識，威爾德意識到技術工具的不完備性，認為單一的技術分析工具或分析方法，往往很難適應走勢充滿變數的證券市場。威爾德在後期所發表的文章中，推出一套嶄新理論，來取代這些常見的技術分析工具，特別是取代單一的技術指標，而這套嶄新的理論就是亞當理論。

5.3.1　什麼是亞當理論？

威爾德早年崇尚技術指標類的分析方法，也發明多種反映、預測價格走勢的指標類分析工具，但是這種觀點後來被他的新理念所取代。在其後來發表的股市類文章中，威爾德認為技術工具的自身缺陷性，很難適應變化不定的股市。

他指出，如果技術分析工具真的可以行之有效地預測市場走

勢，就不會出現大量投資人運用它們來進行交易時屢屢虧損的情況。因此借助數位化、機械化的技術工具無法應對市場的變化。

在這一觀念基礎上，威爾德闡述一系列理念、方法，幫助投資人放棄主觀的分析工具。他指出在市場上生存就是適應市勢，沒有任何分析工具可以絕對準確地推測市勢走向。**亞當理論的精神，就是教導投資人放棄所有主觀的分析工具，順勢而行就是亞當理論的核心。**

5.3.2　投資人得注意亞當理論的 3 條要義

亞當理論只是一系列的投資理念，既不是新鮮的事物，也不是複雜的指標。它只討論發生了什麼事，而不討論為什麼會發生或應不應該發生，這就是它的功用。在亞當理論中，有 3 條要義值得投資人格外注意。

1. 投資人對每一種技術分析方法都應該客觀、辯證地對待，因為每一種方法都只是從某種角度來分析、闡明市場運行，無法讓我們看清市場全貌。如果投資人僅憑技術指標的訊號，就判斷市場的多空格局，這就成為一種片面解讀，若據此展開交易很有可能導致虧損。

2. 對於交易而言，投資人首要的任務是判斷趨勢，認清市場是處於升勢還是跌勢。投資人在升市中，應以買入並持有的策略為主；反之，在跌市中投資人，應以賣出並觀望的策略為主。逆勢而為的操作是不可取的，這包括投資人在升市中盲目看空，和在跌勢中盲目做多。也就是說，順勢而為是亞當理論的核心。

3. 對於每一筆交易來說，如果投資人在買賣後，發現交易方向

與大盤相反，這時就要查看自己是否看錯大勢。若判斷錯誤就要及時糾正，不要和大盤為敵，只有及時認錯才能最大限度地保證本金安全。投資人不要為自己的錯誤行為尋找各種藉口，那只會使自己深陷泥潭，損失更大。

5.4 江恩理論——股票、期貨市場都存在自然規則

威廉·江恩（Willian D. Gann），是期貨市場的傳奇人物，也是 20 世紀最著名的投資家之一。他的投資生涯經歷第一次世界大戰、1929 年的股市大崩潰、30 年代的大蕭條、第二次世界大戰。即便如此，江恩在那時仍然經由股票及期貨市場，賺取近 5 千萬美元的利潤，相當於現在的數億美元。

5.4.1 證券交易天才江恩的買賣之道

江恩是證券交易的天才，他有極為獨到的交易方法與交易理念。基於其成功的交易經驗，他綜合運用數學、幾何學、天文學等，創造性地把時間與價格進行完美結合。江恩總結許多技術分析方法，並論述一系列的投資準則，後人將其統稱為江恩理論。

他相信在股票、期貨市場裡，也存在宇宙中的自然規則，市場的價格運行趨勢並非雜亂無序，而是可經由數學方法預測的。江恩理論的實質，就是在看似無序的市場中建立嚴格的交易秩序，其中包括江恩時間法則、江恩價格法則、江恩線等，它們可以用來發現價格何時會發生回檔，和將回檔到什麼價位。

5.4.2　股票市場走勢的 3 種循環週期

　　江恩循環理論，是對整個江恩思想及其多年投資經驗的總結。江恩理論認為股票市場的走勢，是以循環的方式呈現出來的，較重要的循環週期有以下 3 種。

- 短期循環：1 小時、2 小時、4 小時、……、18 小時、24 小時、3 週、7 週、13 週、3 個月、7 個月。
- 中期循環：1 年、2 年、3 年、5 年、7 年、10 年、13 年、15 年。
- 長期循環：20 年、30 年、45 年、49 年、60 年、82 或 84 年、90 年、100 年。

　　30 年循環週期是江恩分析的重要基礎，因為 30 年共有 360 個月，這恰好是圓內角 360 度。我們按江恩以上的理論對其進行相應的劃分，就可以得到江恩長期、中期和短期循環。

　　10 年循環週期具有重要的意義，江恩認為 10 年可以再現市場的循環。例如：一個新的歷史低點，將出現在一個歷史高點的 10 年之後；反之，一個新的歷史高點，將出現在一個歷史低點的 10 年之後。

　　江恩還指出，任何一個長期的升勢或跌勢，都不可能不做調整地持續 3 年以上，期間必然有 3 個月至 6 個月的調整。因此 10 年循環的升勢過程，實際上是前 6 年中，每 3 年出現一個頂部，最後 4 年出現最後的頂部。

5.4.3 百分比回檔法則

江恩理論認為，當價格上漲或下跌至一定幅度時，就會出現規模相對較大的回檔走勢。所謂的回檔，就是道氏理論中所提及的折返走勢、次級運行，它的表現為升勢中的中級回落，或跌勢中的中級反彈。

經過實踐摸索，江恩理論認為：價格漲幅達到 50%、63%、100% 時，所處的位置最有可能出現回檔，其中 50%、63% 所處的兩個位置最重要。不論價格上升或下降，最重要的位置是價格漲幅為 50% 時，這個位置經常發生價格回檔；如果這個位置沒有發生回檔，那麼在價格漲幅為 63% 時所處的位置上，就會出現回檔。

圖 5-8 為創業板指數 2018 年 12 月至 2019 年 6 月走勢圖，指數在低位區長期徘徊之後開始突破上行，最低點位是 1201 點，隨後指數持續上漲、期間未調整。當指數漲至 1800 點時，這一波大

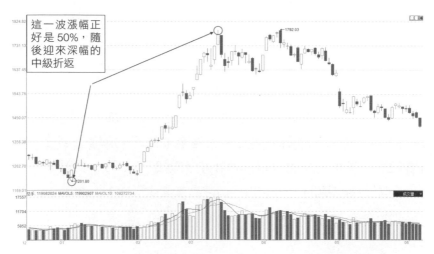

▲ 圖 5-8　創業板指數 2018 年 12 月至 2019 年 6 月走勢圖

幅上漲的幅度達到 50%，是江恩理論所指出的極重要回檔點位。操作中，持有者宜減倉並控制好深幅回檔風險。

5.4.4　市場價格波動 & 共振的概念

　　從市場的歷史走勢來看，股票市場價格走勢經常大起大落：一旦從低位啟動向上突破，就如脫韁野馬奔騰向上；而一旦從高位向下突破，又如決堤的江水一瀉千里。投資人往往很難提前意識到巨大幅度的轉向，一方面是因為趨勢的持續運行，改變了投資人的思維方式；另一方面也是因為大多數投資人不瞭解市場這種巨大波動的內因。

　　對此江恩提出解釋，他認為：這種大起大落的走勢，可以看作是市場共振的結果，當市場的內在波動頻率與外來市場推動力量的頻率產生倍數關係時，市場便會出現共振現象，令市場產生向上或向下的巨大作用。江恩總結一些可能形成共振的情形如下：

　　1. 當長期投資人、中期投資人、短期投資人在同一時間點進行方向相同的買入或賣出操作時，將產生向上或向下的共振。

　　2. 當時間週期中的長週期、中週期、短週期交會到同一個時間點，且方向相同時，將產生向上或向下的共振。

　　3. 當長期均線、中期均線、短期均線在同一價位點交會，且方向趨同時，將產生向上或向下的共振。

　　4. 當 K 線系統、均線系統、成交量 KDJ 指標、MACD 指標、布林通道等多種技術指標，均發出買入或賣出訊號時，將引發技術性的共振。

　　5. 當貨幣政策、金融政策等多種政策密集出台時，將引發政策

面的共振。

6. 當基本面多空方向與技術面多空方向相同時，將引發極大的共振。

7. 當上市公司的基本面情況、經營情況、管理情況、財務情況、週期情況、重大事項等因素，對上市公司的影響方向趨同時，將引發個股價格走勢的共振。

共振發生是有條件的，只有當條件滿足時才會產生共振；反之，當條件不滿足時，共振就不會發生。如果只滿足部分條件，一般來說也會產生共振，但力度會較弱。對於共振來說，江恩特別強調自然的力量，將其看作市場運行的一種「自然法則」。

5.4.5 江恩理論的交易策略

江恩理論是一套較為龐大的技術分析體系，它包含數學、幾何學、週期論等等，這些都屬於技術分析領域的範疇。除此之外。江恩還極重視交易策略，如果說純粹的技術分析是相對機械的操作，難以適應變化不定的市場，那麼交易策略則主要針對投資人的交易行為給予適當補充，能提高交易成功率。

在一系列的技術理論中，江恩最注重交易策略，這或許是其在股票、期貨市場中取得驚人成績的關鍵。很多技術派人士也把這些交易之道看作江恩理論的精髓，下面我們就來看看江恩總結的一些交易之道：

1. 造成損失的三大因素，包括投資人缺乏關於市場的基本知識、不懂得停損出場、習慣過度買賣。

2. 投資人可將本金分成 10 份，每次買賣數額不應超過本金的 1/10。

3. 投資人應小心使用停損盤，減少每次出貨可能招致的損失。

4. 交易不能過於頻繁。

5. 投資人要避免反勝為敗，應保住勝果，避免先盈後虧。

6. 投資人不要逆勢操作，市勢不明朗的時候，寧可袖手旁觀也不貿然入市，不要把自己想得比市場更聰明。

7. 猶豫不決的投資人不宜入市。

8. 投資人應參與交易活躍的股票，避免參與冷門股票。

9. 投資人不可隨意平倉，可利用逐步減倉或停利。

10. 投資人的交易股票不可過多，一般保持在兩三種即可，太多難於兼顧，太少則表示風險過於集中，兩者均不適當。

11. 投資人應儘量避免限價買賣，否則可能因小失大。

12. 買賣順手、累積利潤可觀的時候，投資人可將部分資金調走，以備不時之需。

13. 投資人只有在看準一波中級行情時，才宜著手買入，不可為蠅頭小利而隨便入市。

14. 投資人不可加死碼，第一注出現虧損即表示入市錯誤，如再強行增加持倉數量，謀求拉低成本，可能積小錯而成大錯。

15. 不能希冀買在起漲前夕，投資人持股後要有一定耐心。

16. 若多次交易後賠多賺少，則表示不在狀況內或市場時機不好，投資人應暫時離場觀望。

17. 投資人不可貪低買入，亦不可因高賣出，一切應以趨勢的發展勢頭而定。

18. 在上升行情初期，投資人可以採用金字塔加碼法。

19. 投資人重倉買股應設立停損價，若走勢與預期相反，則要

承認錯誤，嚴格執行停損操作。

20. 投資人得心應手時也不可隨意增倉或是任意買賣，因為這時最易出錯。

21. 投資人不可盲目預測市勢的頂或底，應該遵循市場發展。

22. 投資人不可輕信他人意見，應有自己的一套分析方法，只有這樣才能不斷積累經驗、不斷提升投資能力。

23. 入市錯誤、出市錯誤固然不妙；入市正確出市錯誤，亦會減少獲利的機會，兩者均要避免。

江恩理論的核心交易之道，展現在上面這 23 條交易準則上，這些準則很好理解，但實際運用時或因情緒使然，或因固有習慣，投資人往往難於實施。對於投資人來說，應善於思考、理性分析，在實施每筆交易前先判斷清楚，熟悉了這些交易準則之後，就能好好將其運用於實盤操作中。

[第6章]

投資成功者的賺錢秘訣——
交易有策略

6.1 善用倉位管理，降低投資風險

　　炒股獲利的秘訣是什麼？技術分析方法五花八門，但真正用技術分析實現穩定獲利的投資人，又有多少呢？在股票市場上，真正能獲利的往往只是少數人，這些投資人的成功絕非偶然。如果認識這樣的人不妨向他們請教，相信一定有獨特的炒股理念與操作方法。

　　有的投資人可能很有耐心，能長久不進行交易靜靜等待自己熟悉的機會；有的投資人可能善於參與市場熱點，天天切換不同的個股進行操作。總之，成功的方法各式各樣，並不是千篇一律的。

　　技術是知識的積累、經驗的昇華，也是炒股成功的核心要素。我們前面講解的主要內容，都可以歸入「技術」這一範疇。但技術分析也有不足的地方，這是不可避免的，而我們如何經由準確的技術分析結論實現獲利，又如何化解錯誤的技術分析結論所帶來的風險呢？這就涉及交易策略與倉位調度了。

　　所謂的策略，就是指可供選擇的一組行動方案。當我們說「這個人很有策略」時，其實就是指這個人有很多可供執行的方案，當一個方案行不通時，能夠及時應變。如果我們說某人沒有策略，意思是缺乏變通，因為他只有一個方案。

　　股市變幻莫測，股票交易模式也不能一成不變，針對不同市場、不同走勢，我們要有好的行動方案，如此方可穩健獲利。策略運用得好，股票交易就是一門藝術，我們可以輕裝上陣，在運籌帷幄中獲取回報；策略運用得不好，股票交易就會成為一種勞心傷神的負累，長久下來不僅資金虧損，心理也會備受打擊。

　　本章我們將結合個股價格的不同走勢特徵，講解股市中幾種看似截然不同卻殊途同歸的買股策略。這些買股策略建立在倉位管理的基礎之上，因此我們將重點講解交易策略與倉位調度這兩方面。

6.1.1　現金為王的觀念

　　倉位是指帳戶內資金與股票的分配比例，如未持股稱為空倉，持股 50% 稱為半倉，持股 100% 則稱為全倉。

　　倉位的控制直接決定預期風險，全倉持股則風險最大，當然，若判斷正確，潛在收益也可能更大；空倉沒有任何風險，但也失去獲利的機會。很多投資人都執著於尋求利潤的最大化，不論在何種市場環境下都全倉交易，這等於把自己置於風險之中，一旦判斷錯誤就很可能面臨重大虧損。當然，全倉也未必錯誤，這取決於市場環境及選股方法。

　　本節我們結合一些常見的倉位調度方法，來看看如何管理倉位，力求在不失機會的情況下，儘量降低風險。

　　股市永遠不缺少機會，手中持有現金的投資人，將永遠處於主動地位。對於勝算不高的交易，投資人要盡可能避免，不能看到這個股票漲停了，就想追漲，也不能看到那個股票短期回檔幅度較大，就想抄底。當我們沒有很足夠的把握時，持有現金才是最好的選擇。

　　該方法與危機投資法有相似之處，其基本思路是：當市場處於正常狀況時，投資人絕不進行任何投資，只將錢存入銀行坐享穩當的利息收入。投資人要耐心等待時機，切不可心急，只有當市場循環到谷底，每個人都悲觀失望、看不到市場有任何起色時再參與。隨著時間推移，一旦牛市來臨利潤將十分豐厚。「現金為王」的方法告訴我們一個投資市場不敗的真理，即手中有現錢，永遠有機會。

　　但對於技術型的投資人來說，由於股票市場常呈現結構化行情，即這個板塊強勢上漲，其餘板塊萎靡不振的情況。在結構化行情的背景下，市場指數將長期處於橫向震盪、趨勢不明的格局中。如果投資人秉持現金為王的方法，將會錯失很多獲利機會。

　　因此，**現金為王的佈局方法是一種中長線交易策略，更適合那些因牛熊交替，而走勢進入明顯低估狀態的白馬股、藍籌股。**這些個股價格的下跌並不是因為利空消息，它們處於低位僅僅是市場人氣較低所致。

6.1.2　不把雞蛋放同一個籃子裡

　　佈局多個股票的方法也被稱為分散佈局。風險市場有一句經典諺語：「不要把雞蛋放在同一個籃子裡。」經由持有多種股票，我們可以有效規避單一股票出現「黑天鵝事件」的風險，進而保障本金安全。

　　分散佈局的方法比較適合震盪市場行情，當市場整體處於橫向震盪時，行情多以局部板塊、題材的方式呈現。經由分散佈局的方法，我們可以有效提升資金使用效率。

　　投資人分散佈局時，選股的技術尤為重要。一般來說，投資人

應儘量避免重複佈局行業相同、題材相近的個股。例如，可以同時佈局一部分高科技行業的股票和一部分傳統行業的股票，這樣一來，手中持有的個股趕上市場風口的機率更高。

但是，當市場處於明顯的跌勢時，投資人就不宜實施分散佈局的方案了。此時，絕大多數個股的價格都處於下跌狀態，即使我們買入多種股票，也很難規避市場的這種系統性風險。

6.1.3　底部區的金字塔加碼法

保守的交易風格告誡投資人：在首次實施交易時，絕不可全倉參與，當然，也不宜重倉參與。

很多投資人在看到股票價格已跌幅較大時，往往按捺不住抄底的衝動，有重倉買股的想法。也許可以成功抄底，但這偶然的成功並不是真正的成功，常久下來還將是虧多贏少。如何解決這個問題呢？**對待這種價格深幅下跌後的個股而言，最好的倉位調度模式就是金字塔加碼法。**

金字塔加碼法也稱為累進加碼法，是一種相對保守的資金調度方案，但同時又能為投資人帶來較豐厚的收益，當然，這些都要建立於投資人對大方向的準確判斷之上。

累進加碼法主要應用在趨勢反轉上行展開之後，當投資人對大方向判斷正確後，第一筆交易就產生了利潤。但是，第一次買進的數量並不是很多，在此背景下，投資人可以在趨勢明朗的過程中逐步加碼。

應用累進加碼法時有兩點，是我們必須要注意的：第一，累計加碼法更適於操作那些價格處於中長期低位區的個股；第二，不要採用倒金字塔式加碼，即加碼的分量只能一次比一次少，才能保住

前面的收益。如果加碼分量一次比一次多，很可能造成嚴重後果，即一次加碼錯誤就失去之前的收益，甚至出現虧損。

6.1.4　頂部區的倒金字塔減碼法

倒金字塔減碼法與金字塔加碼法正好相反，它被應用於預測頂部區的操作中。當我們買入的股票已經獲利，且預測個股價格後期將下跌，就可以逐步減倉。

第一次減倉數量可以大一些，這樣可以鎖定利潤；隨後，若股價再度上漲，則可再度減倉，減倉數量要小於第一次……以此類推，直至清倉離場。

6.2 停損要有策略，保障本金安全

　　股市中充滿博弈，成功者的利潤往往源自失敗者的虧損，多空雙方無時不在交鋒、博弈著，投資人要冷靜分析、細心觀察，不要選擇錯誤的方向。但是，市場又是變幻不定的，很多投資人的自身分析能力往往不夠出色，出現錯誤是難以避免的。此時，投資人就要學會如何保障本金的安全呢？這就涉及了停損操作。

　　但是，停損操作只需提前設定好停損價就可以嗎？停損價又應如何設定呢？如果設定的價位離買入價過近，則可能因股價偶然波動，而實施不必要的停損賣出操作，也就會錯過隨後可能出現的上漲行情。如果設定的價位離買入價過遠，即使嚴格操作、停損離場了，本金也會出現較大幅度的虧損，不符合停損操作規避風險的理念。

　　其實，停損並不是機械式的，投資人在設定停損價位時，既要結合個股的技術面、關注個股價格的走勢特點，也要顧及基本面及市場整體運行情況。本節我們將結合不同的市況，來看看如何實施停損操作。

6.2.1　停損的重要性──以鱷魚法則說明

停損的重要性，可以經由鱷魚法則來做一個生動說明。鱷魚法則是說：如果一隻鱷魚咬住你的腳，而此時你若試圖用手去掙脫你的腳，鱷魚便會同時咬住你的腳與手。你越掙扎，被咬住的地方就會越多，直到無法掙扎、最終喪命。所以，萬一鱷魚咬住你的腳，逃生的唯一機會就是犧牲一隻腳。

在股市裡，鱷魚法則就是：當發現自己的交易背離了市場運行方向，就必須立即停損，不得有任何延誤、不得存有任何僥倖。鱷魚吃人聽起來太殘酷，但股市其實就是一個殘酷的地方，每天都有人被它吞沒。

「市場總是正確的」，投資大師之所以能取得傲人的收益，是因為他們能冷靜客觀對待手裡的股票，勇於承認和糾正自己的失誤操作。他們的交易記錄顯示，其收益主要來自於少數非常成功的操作；而大多數不成功的操作，都在虧損進一步擴大前，就被果斷地處理掉了。

很多投資人的做法卻恰恰相反，手裡的股票出現了虧損，就一心希望它能反彈到自己的成本價以上。殊不知市場是不會記住你的成本價的，如果投資人不能及時地順應市場變化、調整自己的操作，將會越陷越深，直至元氣大傷。

6.2.2　停損幅度與個股特性有關

投資人在設定停損價位時，針對不同類型的個股應有不同的標準。對於那些上下波動幅度較大的個股，不妨將停損幅度設定得大一些。這些個股即使出現短期大幅下跌、與我們的判斷不符，但其

隨後的反彈走勢會不錯，完全可以逢反彈時再賣出，沒必要在短期下跌後的最低點賣出。

對於這類個股，投資人如果將停損幅度設得過小，還極有可能錯失機會。因為這類個股在突破之前，往往都有一定幅度的波動，我們不可能確保自己一定是買在局部最低點。如果因為沒能買在局部最低點、停損幅度又設得過小，而錯失了這樣的突破型個股，豈不是太可惜了！

對於那些波動幅度較小的個股來說，停損幅度則應設定小一些。這類個股一旦開始向與我們預期的方向相反運行，往往就是一種趨勢的開始，此時若不及時賣股離場，就會越套越深，損失慘重。

6.2.3　持倉比例不同，停損幅度也不同

持倉比例不同，停損的幅度也不盡相同。全倉買賣時，停損幅度一定要設得離成交價較近，一般宜將停損幅度設定在成交價的 5% 以內，更能保障帳戶資金安全。若是輕倉參與個股，則可適當提高停損幅度，特別是在我們比較看好一支個股的價格走勢前景時，但一般不宜超過成交價的 10%。

在實盤操作中，全倉參與個股的操作應儘量少採用。因為股價波動具有較大的偶然性，即使是短線的強勢股，也可能出現第一天強勢漲停、次日卻大幅低開的情形。股價的大幅波動觸發了停損操作，但這類個股出現盤中上衝的機率較大，停損離場雖可保護本金安全，卻也錯失盤中衝高賣出的機會。

倉位的控制直接決定著停損的頻率，半倉、重倉、甚至是全倉的操作方法，很可能會頻繁出現停損操作。除非投資人的短線交易

技術十分突出，能夠在少數成功的交易中獲取夠多利潤，否則，過於頻繁的停損操作不僅打擊投資人信心，也會使帳戶資金快速縮水，偏離停損操作是為了保障本金安全的本意。

6.2.4　型態破位停損法

型態破位主要是指，個股價格走勢在整體與局部運行型態相對較好的背景下，突然出現實體相對較長的陰線，或是幾根連續小陰線，打破原有的運行格局。一般來說是股價向下跌破局部支撐點，從而增加價格走勢的不確定性，此時，技術面上有停損的要求。

型態破位停損法是一種短線停損方法。如果看好個股價格的中期走向，在停損操作之後，若個股價格短期跌幅較大，且能於低點出現小陽線止跌型態，則投資人可適當反手買回，降低持倉成本。

圖 6-1 為德宏股份 2019 年 1 月至 5 月走勢圖，此股價格處於盤整突破後的強勢整理走勢中。結合前期的整體運行格局來看，股價仍處於上升趨勢中，當前股價的橫向窄幅運行，可以看作上升途中的一次短暫整理，後期繼續上行的機率較大。

基於這種判斷，投資人可能買股入場，或是持股者繼續持有，但隨後的價格走勢卻與我們之前的預期判斷不符，股價以一根實體較長的陰線跌破這個強勢整理區，局部運行型態上呈現破位狀。由於此時的個股價格處於高點，一旦局部型態有破位傾向，短期內出現深幅調整的機率更大，投資人宜第一時間停損離場。

隨後，此股價格短線繼續下跌，在回落幅度達 20% 時出現小陽線的止跌型態，投資人如果對此股價格的中長線走勢看好，則此時是一個反手買回、降低持倉成本的好時機。

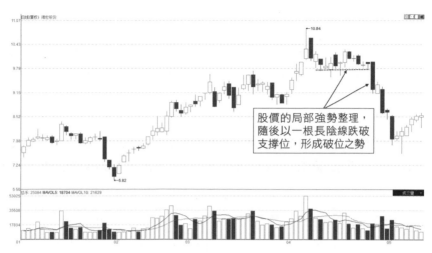

股價的局部強勢整理，隨後以一根長陰線跌破支撐位，形成破位之勢

▲ 圖 6-1　德宏股份 2019 年 1 月至 5 月走勢圖

6.2.5　漲停預判錯誤停損法

　　短線交易者往往會參與一些漲停股，這些個股或是有利多消息支撐，或是符合熱點題材，買入這樣的個股，是基於個股當日能夠強勢漲停此一判斷。

　　在短線交易時，我們可能在個股漲停打開後買入，也可能在其上衝漲停板時買入。無論哪種買入方法，都是一種十分激進的短線追漲法，如果個股價格的盤中走勢與預期不符，投資人則應在次日及時停損賣出。

　　一般來說，個股次日出現明顯低開，或是開盤後價格走勢較弱，投資人宜在第一時間停損離場，不應抱有僥倖心理。因為這類個股一旦失去漲停板的特質，短期內出現深幅調整的機率較大。

　　圖 6-2 為華峰氨綸 2019 年 4 月 11 日分時圖，此股因公佈資產注入事項而開始漲停板走勢。第 1 個是無量的一字漲停，投資人基

本上沒有買入機會。當日是此股的第 2 次漲停，但在早盤階段漲停板被打開，股價快速跳水。由於有利多消息支撐，且股價累計漲幅不大，若投資人預判此股盤中能再度回封漲停，並追漲買入，也是一種相對合理的選擇。

但是，此股隨後的盤中價格走勢顯然與預期不符，這時我們就要及時調整交易思路，不再延續原有的錯誤思維。次日，此股大幅低開，完全失去前兩日的強勢特徵，對於上一交易日追漲買入的持股者來說，在此股早盤走弱階段就應及時停損離場，以規避隨後可能出現的中短期深幅調整。

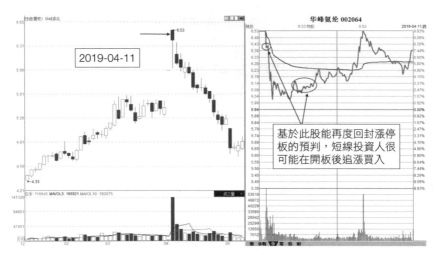

▲ 圖 6-2　華峰氨綸 2019 年 4 月 11 日分時圖

6.2.6　跳空低開停損法

跳空低開往往代表空方力量開始進攻，且佔據明顯主動。無論是個股在回檔低點的跳空低開，還是在高點快速折返走勢中的跳空低開，多代表風險出現。如果我們不能及時地停損賣出，很可能面臨短期大幅虧損的風險。

圖 6-3 為江蘇國泰 2018 年 12 月至 2019 年 6 月走勢圖，此股價格一直處於穩健的攀升走勢格局，隨後出現一波深幅調整。此時，投資人可能會依據升勢中逢低佈局的思路，而買股入場。

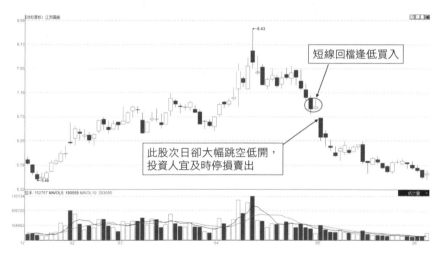

▲ 圖 6-3　江蘇國泰 2018 年 12 月至 2019 年 6 月走勢圖

但此股次日卻大幅度跳空低開，這表示個股此波下跌並不是型態簡單的短線回落，很有可能演變為中級折返走勢，甚至是趨勢反轉的訊號。對於之前逢低買入的投資人來說，此時應及時調整交易思路、停損離場，以規避可能出現的風險。

　　圖 6-4 為中泰化學 2019 年 2 月至 5 月走勢圖，此股在價格短線一波強勢上漲之後的高點，出現一根高開低走的長黑線。次日此股再度表現弱勢，並出現明顯的跳空低開。這是空方力量快速增強、市場賣盤集中湧出的訊號。此股的跳空低開也預示短期內走勢快速反轉、價格深幅回落情形的出現。

　　此時對持股者或是短線追漲參與的投資人來說，無論是已經短線獲利的，還是出現一定虧損的，都宜在識別這個跳空低開型態後，第一時間賣股離場。

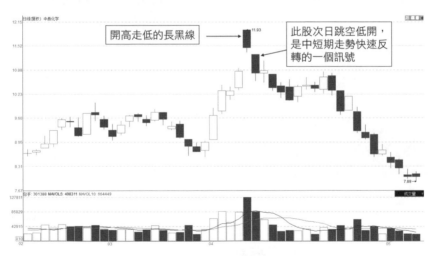

▲ 圖 6-4　中泰化學 2019 年 2 月至 5 月走勢圖

6.2.7　小 K 線下跌停損法

　　如果個股在盤整走勢中，或是在價格短線一波上衝後的高點，出現連續小陰線、小陽線，而使股價重心緩慢下移，這屬於小 K 線下跌型態，是空方力量已開始佔據上風的訊號，也是股價運行方

向出現選擇的訊號。

　　而價格走勢一旦選擇方向，往往會經歷一個由緩到急的過程。在此小 K 線下跌走勢中，若持股者出現小幅度的虧損，也應及時停損離場，而不應希冀股價反彈後再賣出，因為股價隨後加速下跌的機率更大。

　　圖 6-5 為大港股份 2017 年 8 月至 2018 年 2 月走勢圖，此股價格走勢在上升途中，出現長期的橫向震盪。隨著震盪走勢持續，價格波動幅度趨窄，並出現一波小 K 線下跌走勢。這是長期震盪後空方力量開始佔據優勢的訊號之一，也是股價隨後可能破位下行的預兆。對於持股者來說，宜及時賣股離場，即使出現小幅度的虧損也應停損離場。

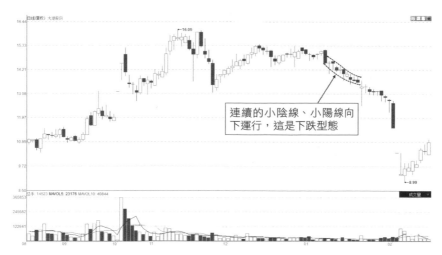

連續的小陰線、小陽線向
下運行，這是下跌型態

▲ 圖 6-5　大港股份 2017 年 8 月至 2018 年 2 月走勢圖

6.2.8　跌停板停損法

漲停板更大程度上代表著機會，是個股短線強勢特徵最好的表現方式。雖然也有一些漲停板存在較多風險，但從機率上來看，漲停板的機會大於風險，特別是在低位區剛剛啟動的漲停板。

跌停板與漲停板則完全不同，跌停板所蘊含的市場含義就是：空方力量佔據壓倒性的優勢，雖然跌停板出現時，個股價格很可能處於短期低點，但此時的風險遠遠大於機會，而高位區跌停板的風險更大。

一旦跌停板出現，個股價格的中短期下跌幅度往往很大；如果個股是因為利空消息，或是價格長期處於高位區而出現的跌停板，則很可能意味著連續跌停走勢的出現，中短期風險巨大。對於投資人來說，如果買入的個股出現跌停板，為了保障本金安全，在操作上更應果斷，第一時間停損離場是較理性的選擇。

圖 6-6 為大洋電機 2019 年 4 月 25 日分時圖，此股當日在盤中節節下行，並在尾盤階段觸及跌停板。從日 K 線圖上來看，這是此股價格突然出現的跌停板式回落調整，打破了原有的運行格局。

雖然出現短線整理空間，但此時投資人不宜逢「低」買入，而對於出現虧損或已獲利的持股者來說，更應及時賣出。因為這屬於高位區的跌停板，可以將它看作是中級折返走勢的訊號，也是短期內或將出現快速、深幅下跌的訊號。

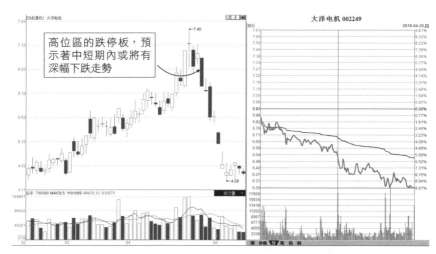

▲ 圖 6-6　大洋電機 2019 年 4 月 25 日分時圖

6.2.9　極窄幅整理提前停損法

極窄幅整理是一種特殊的 K 線運行型態，它是指：個股價格幾乎在每個交易日的波動幅度都很小，以小陰線、小陽線、小十字星線為主，整體走勢呈橫向波動，這種走勢格局常出現在高位區且市場參與度極低的個股身上。

這類個股的價格失去上漲的動力，短期來看也沒有下跌傾向。由於盤中波動幅度很小，對於持股者來說，一般也不關注其盤面運行。

但這類個股往往十分危險，尤其是對於沒有業績支撐，或處於高估狀態之中的個股來說，更是如此。因為過低的成交量限制主力資金的出貨力度，如果其中有大量資金想要離場，唯一的方法就是降低股價，吸引抄底盤入場。因此散戶儘量不要持有這類個股，在股價向下跌破前，就提早賣出才是最好的對策。

　　圖 6-7 為文投控股 2018 年 1 月 8 日走勢圖，我們從左側的日
K 線走勢圖中可以看到，此股價格走勢在高位區，出現橫向的極窄
幅整理運行。對於持股者來說，識別出這種型態後，即使持倉成本
低於市價，也應及時停損離場。

　　投資人對於此股當日的極速封跌停板，根本沒有思考、判斷的
時間，當價格走勢真正選擇方向時，很難有充裕的時間展開操作。

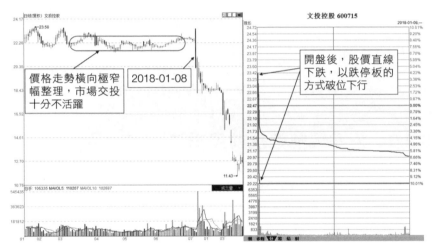

▲ 圖 6-7　文投控股 2018 年 1 月 8 日走勢圖

6.3 用 4 個戰法，及時抓緊「低買」的時機

「低」位是一個很具誘惑力的位置區，它可能出現在中長期的低位區，也可能出現在股價上升途中的深幅整理之後。此時入場的持倉成本相對較低，個股價格的反彈上漲空間較大，如果投資人能把握好時機，中短線獲利預期遠高於風險。

但「低」買並非隨意逢低買入，而是建立在個股無重大利空消息基礎之上。對於這類個股，我們可以綜合分析技術型態、多空力量的轉變後，來展開操作。

6.3.1 如何看準市場的「底」

所謂市場「底」，是指市場的整體估值水準。市場「底」一般出現在股價的中長期下跌之後，是熊市的尾聲。那麼，如何把握底部呢？我們不妨以史為鑑，此時衡量市場估值狀態的本益比，就極為有幫助。

歷史數據顯示，滬深 A 股的靜態平均本益比的波動區間，主要為 15 ～ 30 倍，牛市的持續行進會激發市場做多熱情。在良好的獲利氛圍下，可以把股市的整體估值水準向上大幅推進，使其達到

或超過 50 倍的水準，如 2007 年 10 月的歷史頂部就達到 70 多倍。

反之，熊市的持續運行會導致資金不斷流出，由於市場的虧損效應更加明顯，悲觀情緒會將市場打低到一個明顯低估的狀態。例如：2005 年 6 月的歷史底部，靜態平均本益比為 17 倍，動態平均本益比則只有 13 倍多；2008 年 10 月，歷史大底的靜態平均本益比在 18 倍，動態平均本益比為 13 倍。

在分析 A 股市場的平均本益比高低時，我們一定要同時關注深市的平均本益比。這是因為滬市的權重股眾多，而以銀行股為代表的權重股，往往長期處於低本益比的狀態，這些權重股拉低了滬市的平均本益比。此時，滬市的平均本益比無法準確反映市場整體的真實估值狀態，有失真的嫌疑。但深市就不存在這個問題，因此深市的平均本益比會更準確一些。

以 2011 年 6 月為例，當時 A 股市場的靜態平均本益比只有 18 倍多，18 倍多的靜態平均本益比可以說夠低了，是股市處於底部的標誌，但市場隨後的走勢表示情況並非如此。

A 股市場靜態平均本益比較低，是因為滬市的靜態本益比低，不到 16 倍。這種低本益比，是源於滬市大量的權重股（如銀行股、基建股等）不到 10 倍，而當時的深市靜態平均本益比，則超過了 40 倍。

所以綜合來看，市場整體估值狀態並不低。但從基本面的角度來分析，此時卻不是好的中長線抄底入場時機，因為隨後的走勢是，股市在 2011 年下半年又下跌近 20%。

6.3.2　飆升股急速回到起漲點

　　一些個股價格會出現短線飆升走勢（以連續漲停板為主要表現方式），是主力積極參與的結果，也是個股價格走勢獨立運行的標誌。但股價短期飆升後，若主力參與力度不夠強，或是突遇大盤快速下跌帶動，其再度快速回到起漲點的可能性也很大。

　　由於主力在此前的急速拉升後，沒有充足的出貨時間與空間，因此個股價格往往會有再度回探低點的動作，此時的低點就是一個相對較好的中短線抄底時機。

　　但對於這類快漲快跌的個股，由於短期價格波動幅度極大，且很可能超出我們的預期，因此在實盤操作中，投資人也應設立好停損價位。如果個股價格隨後如預期向上運行、遠離持倉成本，投資可繼續持有；反之，如果個股價格繼續破位向下，投資人則應及時停損離場。

　　圖 6-8 為中元股份 2018 年 12 月至 2019 年 3 月走勢圖，此股連續經歷 4 個漲停板，股價短線漲勢十分淩厲，但在隨後的短期高點卻未作停留，股價快速回落至起漲點。這一波下跌並非因為利空消息導致，因此股價在這個位置點將遇到較強支撐。此時是一個逢低入場的好時機，股價有望迎來二度反彈行情。

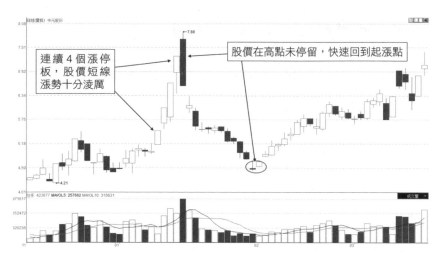

連續 4 個漲停板，股價短線漲勢十分淩厲

股價在高點未停留，快速回到起漲點

▲ 圖 6-8　中元股份 2018 年 12 月至 2019 年 3 月走勢圖

6.3.3　低位區再破位抄底法

中長期低位區的橫向震盪區未必就是底部，雖然此時的個股已處於相對低估狀態，但由於市場人氣低迷、抄底盤意願不強，導致個股價格很難突破上漲。

一旦低位區入場的少部分短線投資人因缺乏耐心而離場，往往會導致股價向下破位，而這往往也是空方力量的最後一次釋放，在價格下跌後的止跌區域，很可能就是中長線的大底。在實盤操作中，可以結合個股的估值狀態、是否有利空消息等因素，來決定破位後的低點是否宜抄底入場。

圖 6-9 為中天科技 2018 年 5 月至 11 月走勢圖，此股價格在中長期再度破位下行，但此股業績較好，破位下跌源於大盤下跌的帶動。在這種情況下，股價破位下跌後的短期低點一般會遇到較強支撐，形成中期底部。

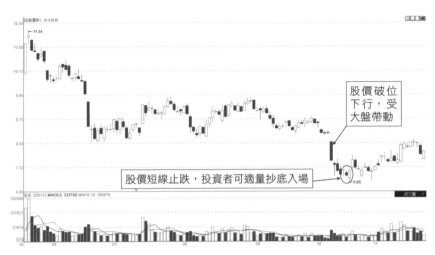

▲ 圖 6-9　中天科技 2018 年 5 月至 11 月走勢圖

　　在股價破位下行過程中，短線跌幅至少超過 10%，短期波動中至少出現兩根小陽線時，才宜抄底入場。但由於這屬於提前預測趨勢轉向的交易方法，為了在操作上更主動，投資人宜控制好倉位。

6.3.4　震盪區短線快調低買法

　　寬幅震盪的箱體區，其下沿位置有較強的支撐力，如果此箱體區處於中長期的低位，而個股價格又出現一波由箱頂至箱底的急速下跌，則此時股價將遇到雙重支撐：一是受箱體震盪區下沿位置的中長線買盤入場支撐，二是受短線抄底盤支撐。

　　短線抄底盤多會在個股價格短期跌速較快、跌幅較大時入場，而不是在價格緩慢下跌，且跌幅較大時入場。因為只有股價短期內的快速下跌，才能好好地釋放空方力量，進而引發反彈上漲走勢。

　　圖 6-10 為大連重工 2018 年 9 月至 2019 年 3 月走勢圖，此股

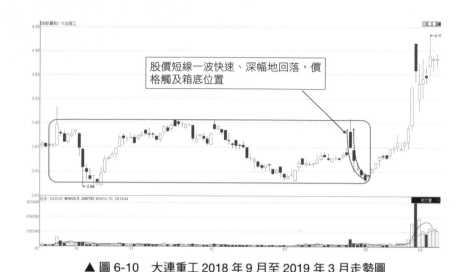

股價短線一波快速、深幅地回落，價
格觸及箱底位置

▲ 圖 6-10　大連重工 2018 年 9 月至 2019 年 3 月走勢圖

整體處於橫向寬幅震盪格局之中，隨後股價出現一波由箱頂至箱底的快速回落走勢，此時就是較好的中短線逢低入場時機。

6.3.5　突破點極速回測低買法

在長期橫向窄幅震盪之後，如果個股價格出現連續兩日放量上揚的突破型態，則是多方有意上攻的訊號。但多方上攻可能因短線獲利賣壓較重，或是恰逢市場調整，從而未在突破點停留便直接跌回盤整區，此時就是一個逢低入場的機會。因為個股的股性已經被啟動，多方隨後再度發力上攻的機率較大。

圖 6-11 為中廣核技 2018 年 11 月至 2019 年 3 月走勢圖，此股價格連續兩日放量上漲，突破整理區。這兩日的放量效果鮮明但並不突兀，是買盤積極入場推動的真實表現，股價隨後極速回測起漲點，此時是一個逢低買入的機會。

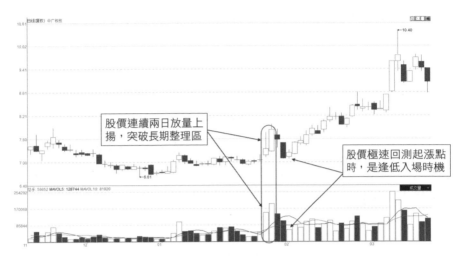

股價連續兩日放量上揚，突破長期整理區

股價極速回測起漲點時，是逢低入場時機

▲ 圖 6-11　中廣核技 2018 年 11 月至 2019 年 3 月走勢圖

6.3.6　漲停式箱體區低買法

　　個股價格在上升或下跌途中，若出現上下波動幅度較大的寬箱型運動方式，是多空力量處於相對均衡狀態、個股股性較為活躍的標誌，我們難以得出原趨勢將持續，或是將被逆轉的結論。在這種市況下，更宜開展短線交易，而且只宜在震盪區的箱體低點買入。在這一位置買入，可處於進可攻、退可守的主動地位。

　　對於寬箱體型態來說，有一種較為特殊的表現方式，那就是個股在價格反彈上漲至箱體區上沿的一波走勢中，經常性出現漲停板，這可以被稱為漲停式箱體區。漲停板彰顯了個股價格短線上漲的強勢特徵，也是主力資金積極參與的訊號。

　　箱體區的波動方式，並沒有給主力足夠的獲利出貨空間，因此當個股價格經一波回落至箱體區下沿位置時，既會得到中短線抄底盤的支撐，主力往往也會有護盤行為。在雙重支撐下，個股價格再

度反彈上行的機率大增，因此箱體下沿是較好的中短線逢低買入位置點。

圖 6-12 為熙菱信息 2018 年 7 月至 2019 年 2 月走勢圖，在圖中箭頭標示的上漲波段中，可以看到多個漲停板出現，雖然此股的價格上下波動幅度較大，但整體運行格局卻是橫向的寬箱體狀。

對於這種較為特殊的寬箱體運行型態來說，當股價回落至箱體區下沿位置點時，中短線逢低買入獲利的機會更大。因為此位置點多有主力資金的積極參與，股價隨後的反彈上漲或將較為強勢。

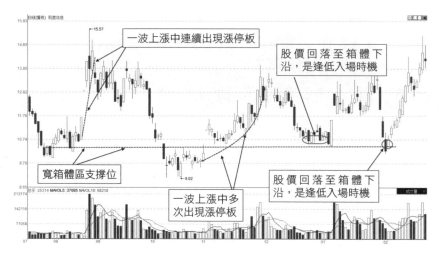

▲ 圖 6-12　熙菱信息 2018 年 7 月至 2019 年 2 月走勢圖

6.4　用 4 個戰法，準確預測「高買」的時機

　　所謂的「高」買，也就是我們常說的追漲。但這裡所說的追漲並非盲目追漲，而是基於技術型態、題材面、主力動力等，經各方面綜合分析後的追漲買入。「高」買只是買在短線高點，隨著股價的繼續上漲，此時的高點會成為後來的低點。

　　這是一種短線追漲交易法，但「高」買也要講究策略，投資人既要對市場熱點有敏銳的察覺，也要對大盤運行有客觀認識。本節我們就來看看，如何結合個股價格的走勢特徵、盤面型態實施「高」買。

6.4.1　強者恆強的運行格局

　　「高」買，看似是買在短線最高點，但投資人之所以追漲，也是因為個股的強勢表現，股票市場有著「強者恒強」的運行格局。個股價格之所以能夠強勢上漲，自然有它的獨到之處，可能是因為符合熱點題材、可能是反彈空間巨大、可能是主力參與力度較強。這類個股往往能夠很好地匯聚市場資金，成為短期內大幅上漲的強勢股票。

炒股之道沒有千篇一律的方法，「高」買的技術難度更勝於「低」買，因為低點的出現能夠維持許久，給予足夠的思考時間；而「高」買的入場時間往往是曇花一現，需要投資人擁有較強的綜合能力，與快速果斷的交易風格。

「高」買往往被視為高風險的標誌，這是有原因的。很多投資人之所以常常追漲被套，是因為這種追漲操作並非理性分析使然，只是一時的情緒衝動，此種追漲行為自然是高風險的。

但「高」買並不一定意味著高風險，我們所說的「高」買是建立在對市場分析基礎之上的，這與隨便追高買入不同。在實戰中，我們大多會看到「強者恆強」，很多股票一旦上漲會一漲再漲。而那些弱勢股，就如同「扶不起的阿斗」，就算市場走勢回暖，也只是隨波逐流甚至弱於大盤，很難有好的表現。

6.4.2　哪些股不宜高買？

中短期未作整理的一波上漲後，價格已經翻倍的個股一般不宜追漲。追漲固然要追強勢股，但就個股價格的實戰走勢來看，再強勢的個股若短期內已翻倍，則其隨後的中短線上漲空間也不會太大，此時再追漲買入，風險遠大於機會。

對於這類價格短期強勢翻倍的個股，更應關注它在深幅整理後（回檔幅度至少超過 30%，最好能達到 50%）是否有買入時機，而不是在翻倍後的高點買入。

圖 6-13 為銀河電子 2019 年 1 月至 4 月走勢圖，此股自低點啟動後，價格持續上漲。在經歷緩慢攀升和漲停加速兩個階段後，價格已然翻倍，若此時再追漲買入，不僅中短期上衝空間較小，投資人也將承擔較高的高位被套風險。

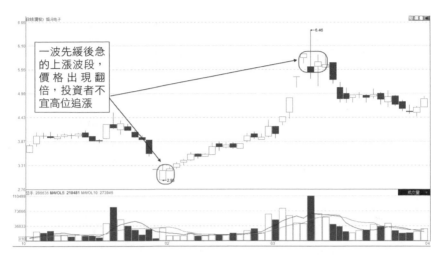

一波先緩後急的上漲波段，價格出現翻倍，投資者不宜高位追漲

▲ 圖 6-13　銀河電子 2019 年 1 月至 4 月走勢圖

　　股價處於高位寬幅震盪區間時，一般不宜追漲。個股價格在高位區出現寬幅震盪走勢，這說明多方力量不再佔據主導地位。而且，這種寬幅震盪走勢還極可能與主力資金的高位出貨行為有關。對於此類個股來說，當價格在震盪區的箱體上沿位置出現突破走勢時，更有可能是主力誘多出貨，不宜追漲買入。

　　圖 6-14 為國際實業 2019 年 2 月至 5 月走勢圖，此股價格走勢在大漲之後的高位區反覆震盪，隨後連續出現兩個漲停板，股價也突破震盪區間。但由於前期漲幅過大，這種高位區突破後的股價上漲空間往往很小，追漲的風險大於獲利機會，投資人不宜買入。

　　除此之外，有明顯利空消息的個股一般也不宜追漲。這類個股的價格走勢並非憑技術分析可以掌握，很大程度上取決於消息面的變化。已經出現利空傳聞，或利空消息已被確認的個股，後續往往還會有更多利空消息被釋放，因此有極大的不確定性。投資人若高位追漲甚至是低位抄底，都將承擔本金大幅度虧損的風險。

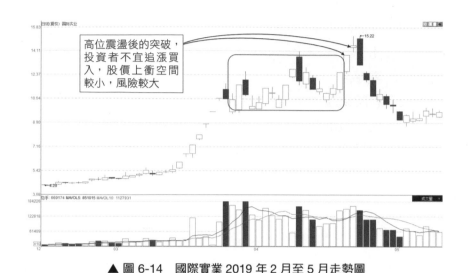

高位震盪後的突破，投資者不宜追漲買入，股價上衝空間較小，風險較大

▲ 圖 6-14　國際實業 2019 年 2 月至 5 月走勢圖

6.4.3　市場熱點與題材股

　　題材是指投資人參與股票的一種理由，這種理由在少數情況下是公開的，多數情況下只有主力等少數人知道。題材有很多種，比如消息、傳聞、國家政策、社會生活中的焦點事件等，都能成為我們參與股票的理由。例如，當能源類產品出現緊張，而國家政策又鼓勵氫能源發展時，一些具備氫能源題材的上市公司，就會成為參與對象。

　　著名經濟學家約翰・梅納德・凱恩斯（John Magnard Kegnes）曾在 1936 年論證並闡明「空中樓閣理論」。所謂空中樓閣理論是指：對於證券市場中的專業投資人，如果要想從這個市場中盡可能地獲利，就要把重點放在分析大眾投資人未來可能的投資行為上，而不應將精力花在估計股票的內在價值上。

　　這種說法可以解釋那些沒有業績支撐的題材股，為何會獲得市

場的青睞，從而出現價格強勢上漲。這是因為題材能夠激發市場想像力，描繪出美好的行業前景，與之相關的題材股，自然也就成為市場追捧的熱點。

對於題材股來說，主力參與和市場追漲往往形成一種配合默契的關係：首先是最敏銳的市場遊資、主力資金等挖掘題材，由於其強勢的漲停型態激發短期交易者參與熱情，進而形成合力，促成個股價格的短線飆升。

6.4.4　大盤下跌時不宜追漲

除了極少數符合市場熱點方向的題材股，它們可以在短期內獨立於大盤之外，在參與更多其他類型的強勢股時，一定還要結合大盤同期的走勢來決定。

在大盤向上時，追漲強勢股的操作方法的成功機率較大；反之，在大盤疲弱的情況下，即使個股價格短線形成突破，也會受到大盤拖累，使漲幅有限。較極端的一種情況是，個股價格不斷上漲而大盤不斷下跌，這類個股隨後極有可能出現補跌情形，追漲此類個股的風險遠大於收益。

圖 6-15 為振華科技 2019 年 2 月至 5 月走勢圖，圖中疊加了同期的上證指數走勢。如圖中標注，在此股價格強勢反彈上揚、欲突破盤整區的時候，同期的大盤卻不斷下跌。如果此時追漲就是一種逆勢操作，因為此股隨後將有很大的補跌空間，若在高位區追漲買入，我們將面臨雙重風險：一是大盤繼續下跌帶來的風險；二是個股補跌所帶來的風險。

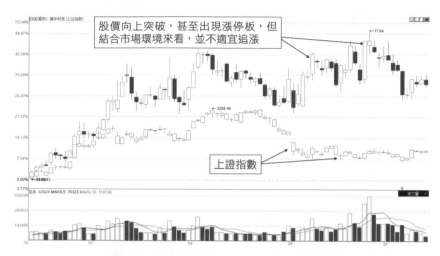

股價向上突破，甚至出現漲停板，但
結合市場環境來看，並不適宜追漲

上證指數

▲ 圖 6-15　振華科技 2019 年 2 月至 5 月走勢圖

6.4.5　局部弱勢股不宜追漲

　　個股的強弱格局是不停變化的，當下的強勢股可能因為進入高位區而變為弱勢股，之前的弱勢股可能因為處於低位而被挖掘，而成為當前的強勢股。對於中短線投資人來說，一定要關注個股當前價格走勢的強弱情況，如果價格局部走勢較弱，且正處於高位區，則股價隨後很可能因為大盤震盪而破位向下，風險大於機會。

　　這類個股價格於盤中偶然出現的強勢上揚，或是一兩個交易日的強勢上揚，一般來說會引發較強的短線賣壓，但不能改變其之前的弱勢格局，投資人不宜追漲入場。

　　圖 6-16 為京東方 A2019 年 4 月 24 日分時圖，圖中疊加了同期的上證指數走勢。對比可以看到，此股在高位區的橫向震盪過程中明顯弱於同期大盤，大盤指數在穩健攀升，而此股的股價重心卻緩慢下移。當日盤中出現較為凌厲的放量上揚型態，日 K 線圖也出

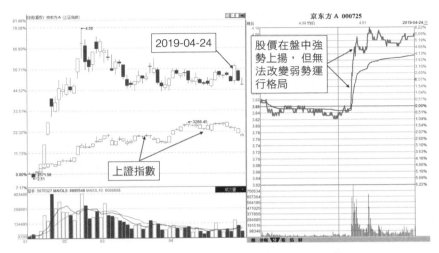

▲ 圖 6-16　京東方 A2019 年 4 月 24 日分時圖

現大陽線，股價似要突破當前這個窄幅弱勢整理區。但這種局部弱勢格局下的盤中上揚，一般並不具有持續性，對於短線投資人來說不宜追漲買入。

6.4.6　題材龍頭股高買法

龍頭股，是某一熱點板塊或某一類熱點題材的領頭羊，它是主力參與某一板塊時故意豎起的一面旗子。主力利用它來激發人氣、帶動板塊和掩護出貨。

因此龍頭的上漲勢頭最強、短期漲勢最為淩厲。在實盤操作中，投資人如果發現某支個股有望成為龍頭股，就應及時追漲買入，而不是去佈局那些跟風股。因為跟風股題材不正宗、主力參與力度較淺，即使跟風股的價格出現短期翻倍，也不見得有會有好的表現。但龍頭股啟動的時間更早、漲速更快，稍不留神可能就錯過

最佳追漲時機，這需要有敏銳的市場嗅覺，並掌握捕捉龍頭股的操作技法。

但凡龍頭股，無不是以漲停板作為啟動標誌的。而且龍頭股在整個板塊啟動的時候，往往是當日盤中封漲停板時間最早、漲停型態最牢靠的股票。除此之外，還應結合個股的日 K 線走勢來分析，龍頭股多出現在格局走勢穩健、前期未見大幅上漲的個股之中，這類個股的價格有較大上漲空間，主力參與起來也更容易獲得市場認可，從而便於後期出貨。若個股符合以上技術面的條件，且其題材面較為正宗，當其以漲停板啟動時，我們不妨及時追漲買入。

如果個股的題材正宗且符合當前市場熱點方向，並處於中長期的低位區，這類個股一旦啟動，其漲勢往往十分淩厲，並有成為龍頭股的特質。其價格中短線的上漲幅度也十分驚人，很多題材股甚至出現連續漲停板的走勢。

在實盤操作中，結合個股的漲停板與市場熱點方向，來分析哪些個股有可能成為題材股，是一種很好的策略。一旦發現個股的潛力較大，我們不妨在第一時間追漲買入。

6.4.7　溫和放量長陽線高買法

當個股價格經一段時間的橫向整理後，如果出現長陽線的向上突破型態，則可以關注它是否預示短期強勢股誕生。一般來說，僅依據 K 線型態很難辨識突破的可靠性，可以結合量能的放大方式來判斷。

因為成交量反映多空雙方的交鋒力度，也是買盤入場力度的表現。因此如果股價突破時的成交量異常放大，例如達到了之前均量的 4 倍以上，則這種放量效果一般很難持續。它也彰顯了突破當日

的賣壓較為沉重，當日的放量突破長陽線有可能轉變為脈衝式的單日放量，引發折返走勢。以這種方式放量突破的個股，並不宜追漲買入。反之，如果突破當日的放量效果較為溫和，例如只有之前均量水準的 2 倍左右，則這樣的放量程度既彰顯買盤入場力度較強，也是多空分歧不十分劇烈的訊號。

而且，由於股價突破未遇到沉重的賣壓，這也間接提示我們：可能有主力資金參與其中。正因為主力手中持有較多籌碼，才使得市場浮籌相對較少、股價突破時的壓力不強。

圖 6-17 為本鋼板材 2018 年 11 月至 2019 年 4 月走勢圖。此股價格在低位區橫向震盪之後，以一根溫和放量的長陽線實現突破。當日的放量效果是之前均量的 2 倍左右，屬於溫和放量，短線獲利賣壓較輕，表示市場籌碼鎖定度相對較高、股價繼續上漲的壓力較小。結合當前的股價位置區及突破型態來看，上攻空間已經打開，此股有望迎來主升段階段，投資人可以適當追漲參與。

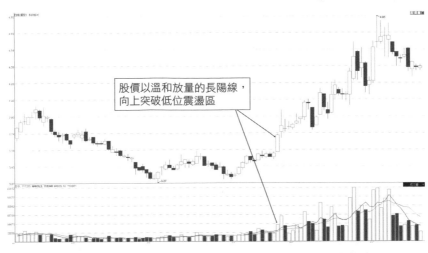

股價以溫和放量的長陽線，
向上突破低位震盪區

▲ 圖 6-17　本鋼板材 2018 年 11 月至 2019 年 4 月走勢圖

6.4.8 漲停板高買法

漲停板高買法是一種相對激進的短線追漲技術，它是指在個股將要漲停，或是預計個股能夠漲停時，投資人在當日盤中較高的位置點提前買入的一種方法。

漲停板高買法對投資人的分析能力要求較高，投資人既要關注市場熱點、題材面，又要分析技術型態，留意盤中多空力量的轉變。這種追漲技術一旦運用熟練，往往能獲得較高的短期收益，因為漲停股的次日平均漲幅相對較大。但其風險也是毋庸置疑的，如果股價隨後的盤中走勢與預期不符，由於盤中買點較高，易出現短線被套的情形。

因此，在利用這種方法參與追漲時，我們應控制好倉位，並做好停損的準備，投資人可以參考 6.2.5 中講解的「漲停預判錯誤停損法」進行操作。

實施漲停板追漲買入時，有以下三方面需要特別注意：

一是關注個股的日 K 線走勢。如果漲停板出現在低位區的整理走勢中並使其呈突破之勢，或是在短期內跌幅巨大的低點，此時追漲買入的持倉成本較低，風險較小；反之，若投資人在個股價格短期內漲幅較大（超過 20%）時再追漲買入，則將承擔較大風險。

二是關注個股的盤面漲停型態。一般來說，早盤漲停的短線上攻力度最強，午盤漲停次之，尾盤漲停最弱，但也不排除個別情況。如果我們追漲買入的個股，在早盤或午盤前後沒能強勢封牢漲停板，則更要關注次日的早盤表現，進而決定是去是留。

三是結合同類個股比對分析。如果個股的漲停是源於板塊的帶動，在板塊中多支個股已強勢封牢漲停板後，此股才尾隨漲停，則

這種跟風股的短線上攻力度是較弱的。說明我們追漲買入的不是龍頭股，次日個股若不能快速由弱轉強，宜換股操作。

　　圖 6-18 為中國一重 2019 年 2 月 25 日分時圖，此股早盤強勢上揚、午盤後成功漲停，從日 K 線圖顯示的低位突破型態及盤面漲停方式來看，這是此股價格在短期內或將強勢上漲、打開上升空間的訊號。短線投資人可以選擇在當日盤中高點，甚至是漲停價上追漲買入。此時雖然買在當日及短期內的最高點，但由於股價上升空間被強勢打開，因此仍有較高的短線獲利預期。

　　對於漲停板式的追漲買入法來說，次日的早盤階段往往需要投資人做出快速判斷。一般來說，漲停板代表短期的強勢特徵，如果個股價格在漲停次日開盤後的半小時內走勢較弱，或是開高走低後反彈無力，這往往是短期回檔的訊號。特別是對於那些題材熱點不突出、市場關注度相對較低的漲停股來說，很可能一個漲停板就讓

▲ 圖 6-18　中國一重 2019 年 2 月 25 日分時圖

其進入階段性的頂部。對於這種強弱轉變較快的漲停股，投資人也要快速調整思路、及時賣出，以規避可能出現的股價深幅回落風險。

　　圖 6-19 為榮華實業 2019 年 3 月 7 日走勢圖，此股當日的盤面走勢較強，並於午盤後成功漲停。結合此前的緩慢上漲型態來看，這個漲停板可能是上漲加速的訊號，短線投資人可以追漲買入。

　　但次日的表現沒能維持強勢特徵，由圖 6-20 所示的此股 2019 年 3 月 8 日走勢圖，可以看到開盤後的半小時內，股價先是急速跳水向下、隨後反彈至均價線上方卻沒能站穩。當股價再度跌破均價線支撐時，盤面弱勢特徵已十分明顯。

　　這也預示我們，之前做出的判斷並不準確，此時應及時調整思路，跟上此股強弱風格的快速轉變，即使出現小幅虧損也要快速地停損離場，保障本金安全。

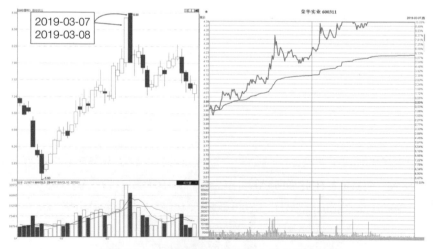

▲ 圖 6-19　榮華實業 2019 年 3 月 7 日走勢圖

▲ 圖 6-20　榮華實業 2019 年 3 月 8 日走勢圖

6.4.9　漲停缺口不回補高買法

　　一些個股在開啟強勢主升段時，往往是以漲停板為標誌的，但有一種型態較為特殊，那就是跳空高開的漲停板，其當日的漲停方式並不牢固。這使得突破點出現較強的多空分歧，形成一定賣壓，但這並不意味多方推升遇阻或股價將再度回落。

　　一般來說，如果股價隨後能在這個漲停價位附近強勢整理數日，而不向下回補漲停板當日形成的跳空缺口，則表示多方力量依舊佔據明顯的主動地位。短暫的整理之後，多方再度推升股價的機率較大，投資人在此強勢整理位置點，可以適當追漲買入。

　　圖 6-21 為新能泰山 2019 年 2 月 13 日分時圖，此股當日出現跳空式漲停，並突破中長期的低位震盪區，隨後股價強勢整理而不回補缺口。

　　這表示買盤可以強力承接突破點的短線賣盤，多方力量佔據明

顯主動，此股隨後有望在多方的推動下繼續強勢上揚。投資人在此
強勢整理期間，可適量追漲買入。

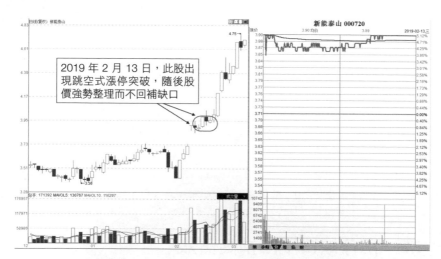

2019 年 2 月 13 日，此股出
現跳空式漲停突破，隨後股
價強勢整理而不回補缺口

▲ 圖 6-21　新能泰山 2019 年 2 月 13 日分時圖

NOTE

國家圖書館出版品預行編目（CIP）資料

3小時學會K線操作法，教你短線賺1倍：101張圖看透主力、法
人炒作意圖，跟著低買高賣，來回賺3波段價差！／楊金著. -- 新
北市：大樂文化有限公司，2023.11
192面；17×23公分（優渥叢書Money；065）

ISBN 978-626-7148-81-5（平裝）

1. 股票投資　2.投資技術　3. 投資分析
563.53　　　　　　　　　　　　　　　　　　　　112013869

Money 065

3小時學會K線操作法，教你短線賺1倍
101張圖看透主力、法人炒作意圖，跟著低買高賣，
來回賺3波段價差！

作　　者／楊　金
封面設計／蕭壽佳
內頁排版／王信中
責任編輯／林育如
主　　編／皮海屏
發行專員／張紜蓁
發行主任／鄭羽希
財務經理／陳碧蘭
發行經理／高世權
總編輯、總經理／蔡連壽
出 版 者／大樂文化有限公司（優渥誌）
　　　　　地址：220新北市板橋區文化路一段268號18樓之一
　　　　　電話：（02）2258-3656
　　　　　傳真：（02）2258-3660
詢問購書相關資訊請洽：2258-3656
郵政劃撥帳號／50211045　戶名／大樂文化有限公司

香港發行／豐達出版發行有限公司
地址：香港柴灣永泰道70號柴灣工業城2期1805室
電話：852-2172 6513　傳真：852-2172 4355

法律顧問／第一國際法律事務所余淑杏律師
印　　刷／韋懋實業有限公司

出版日期／2023年11月20日
定　　價／280元（缺頁或損毀的書，請寄回更換）
I S B N／978-626-7148-81-5